门立雪

我的老师季羡林

钱文忠 著

上海书店出版社
SHANGHAI BOOKSTORE PUBLISHING HOUSE

季羡林先生

1989年冬在北大朗润园13公寓门口，作者与季羡林先生合影

1989年于北大朗润园13公寓书房，右一为辛嶋静志（已故）

季门弟子合影

季羡林先生与泰国诗琳通公主

发言中的季羡林

2001年初春摄于北京大学朗润园，时恩师年登九十

再版前言

此次出版的拙作《季门立雪：我的老师季羡林》，系《季门立雪》（2007年版）的新版，承蒙上海书店出版社再版推出。在原版的基础上，新版做了文字上的部分修订，重新校译了书稿中的专有名词，改进了装帧工艺，使本书得以完善。

恩师已经远行十多年了，重读书稿，我仿佛又回到了聆听恩师教诲的日子。我所写下的文字，只能是采撷恩师漫长学术生涯里的几朵浪花，由读者诸君涵泳回味。先生之风，山高水长，谨以此书纪念敬爱的先师。

2022 年 7 月

前　言

对我来说，为这样的一本书写前言，实在不是一件轻松的事情。我想，最好的办法还是利用这个机会，表达我内心深处的谢意。

此时，我心中洋溢着对我的中学历史老师郝陵生先生的感恩之情。能够在成长的关键阶段领受这样一位伟大的教师的教诲，是我人生的幸运。郝老师开启了此前懵懂的我的心智，让我感受到学术，特别是历史学的诱人的美丽。郝老师习惯在讲课前漫谈几分钟，向学生们介绍课本、课堂以外的世界。现在回想起来，至今余音袅袅，其味无穷。我从这些匠心别具的漫谈中深受教益。偶然一次课前，郝老师提到中国的梵文研究面临青黄不接的状况，而一代宗师季羡林先生也年逾古稀了。郝老师大概也没有也不会想到，这寥寥数语竟然促使我开始和季羡林先生通信，并且从此决定了我的人生。郝老师早已退休了，我不止一次地对同样酷爱历史的我的儿子儒亭说："恐怕你很难，或者几乎再也不可能有你爸爸这样的幸运，遇见像郝爷爷这样的中学老师了。"我由衷地希望我的恩师郝陵生先生健康长寿。

二十二年前，我参加高考，对于全家人来说，如何选择我的志愿当然是一件非常重大的事情。我的父亲毕业于英语系，一直在对外经贸领域里工作。这是一个在当时首屈一指的热门行业，我的很多同学就是以此为首选志愿的。我的父亲完全没有子承父业的俗见，彻底尊重我的志愿。父亲甚至还邀请了所在单位的一些四九年前毕业的老大学生，一起为我出主意。此后，无论我身在国内还是国外，无论我的旅程平坦还是坎坷，无论是在精神上还是经济上，我的父亲一直默默地、有力地站在我的身后，为我这个不成才的儿子承受了太多太多。同样为我操够了心的，当然还有我的母亲。如果真有来世的话，我希望我们还是一个家庭。

这篇前言里所表达的感激之情是依照我走向梵文研究领域的时间为序的，当然并不能代表感激的浓淡深浅，而且我认为，这根本就是无从比较的。

不会再有比在北大追随恩师季羡林先生更幸运的事情了，有这段记忆伴随我的人生，我深深地感谢上苍。恩师和我当然是师生关系，但是，同时还有一份浓郁的祖孙之情。在那些岁月里，我完全是恩师的事业、恩师的家庭的一份子。这里收录的四篇文章，并不是我发表的和恩师有关的全部文字，还有更珍贵的、更足以反映恩师风骨的记忆，我还不能、也没有形诸文字。

今年已是九十五岁高寿的恩师，身体依然非常健康，精神依然非常健旺，这是我们这个民族、这个时代的大幸。然而，我更愿意把这看成是上苍对我个人的恩赐和眷顾。恩师是我这艘飘零小舟的缆绳。恩师系着我，使我心里永远有岸。

恩师依然每天笔耕不辍，为这个民族、这个时代燃烧着自己。新华社发表了2006年11月13日下午温家宝总理在中国文联中国作协全国代表大会上所作经济形势报告中关于文学艺术工作的部分，其中，温总理讲道：

> 这两年，季羡林先生因病住在三〇一医院，我每年都去看他。他非常博学，每次谈起来，对我都有很大的教益。中国像他这样的大师，可谓人中麟凤，所以我非常尊重他。在今年的谈话中，他对我说，和谐社会除了讲社会的和谐、人与自

然的和谐,还应该讲人的自我和谐。我说,先生,您讲得对。人能够做到正确处理自我和社会的关系,正确对待荣誉、挫折和困难,这就是自我和谐。后来,我们俩谈话的大意,写进了十六届六中全会文件。

我坚信,恩师自己多次讲过的"相期以茶"绝不仅仅是相期而已。对我而言,"季门立雪"更不会仅仅是一个书名。

钱文忠

2006 年 12 月

目 录

再版前言　*1*

前言　*2*

季羡林与印度古代语言研究　*1*

季羡林与吐火罗文研究　*87*

季羡林教授学述　*127*

陈寅恪与季羡林
——一项学术史的比较研究　*151*

季羡林与印度古代语言研究

1991年，恩师希逋先生荣登八秩，门生弟子遍邀十几个国家和地区的学者，撰写了近六十篇论文，编成逾一百五十万字、近一千页的《季羡林教授八十华诞纪念论文集》（江西人民出版社，1991），以为庆贺。作为先生的及门弟子，我参加了编辑工作，撰写了《季羡林教授学述》，力图比较全面而又简明扼要地介绍先生的学术成就。1996年，我又为实际上是为庆贺先生八十五华诞出版的《人格的魅力：名人学者谈季羡林》（延边大学出版社，1996）撰写了《经师人师的风范》。现在，时间的年轮伸展到了新千年第一个世纪的第一年，乐黛云教授又将为祝贺先生的九十华诞编辑纪念文集，命我撰文绍介先生有关印度古代语言的研究。能够有这样的机会，我自然要敬谨遵命。同时，我的心情也是非常愉悦的。先生多次引用冯芝生先生自寿寿人的话："何止于米，相期以茶。"米寿早已被先生抛在过去了，茶寿才是我们的期待。所以，我的这篇小文当然也就不仅是祝贺先生九十华诞的芹献了。

我必须说明：首先，在先生八十华诞后不久，我们就发愿开始编集先生的文集，如今，《季羡林文集》已经出版了煌煌二十四卷（江西教育出版社，1996）。先生此前发表的绝大部分著作也因此有了精校精编的定本，我的这篇文章依据的自然也应该是《文集》本。其次，如果说先生的学术研究有一条贯穿其中的红线，那么，这条红线非印度古代语言研究莫属。无论是对于研究中印关系史、印度历史与文化、东方文化、佛教、比较文学和民间文学、吐火罗文、糖史，还是翻译梵文等语种文学作品，先生在印度古代语言研究领域的工作、成就、造诣，都具有首要的、根本的重要性。即使就先生的散文创作而言，先生对印度古代语言的精熟和妙用，也是这些作品所具有的独特魅力的渊源之一。如果要了解先生的印度古代语言研究,应该不能忽略先生在上述所有领域中的创获。但是,在乐黛云教授计划的这本书里,这些领域将分别由先生的其他门生弟子进行专门的介绍。我的评述对象只能限定在《季羡林文集》第三卷《印度古代语言》(1998)所收的二十二篇中、英、德文论著,只有在特别的情况下,才兼及其他各卷所收论文。职是之故,我所评述的只能是先生在印度古代语言研究领域里主要的,而不可能是全部的成就。

一 留德十年中的四篇长文

先生对在德国的十年留学、教学和研究生活的记忆,固然充满了饥饿的痛苦、乡愁的折磨,但是,更多的还是对恩师的感念、研习的快乐、成功的喜悦。1936年,先生来到德国哥廷根大学(Universität Göttingen)的第二年,夏季学期开始,先生偶然看到了瓦尔德施密特教授（Prof. Waldschmidt，陈寅恪先生译为"林治"教授）开梵文的课程表，顿时喜出望外。早年，先生在清华大学曾经听过陈寅恪先生的"佛经翻译文学"，还和几个同学一起请求陈先生开梵文课未果。如今这个梦寐以求而又求之不得的机会从天而降，原先被迫埋在土里的那颗种子终于要破土而出了。先生向来不屑于那些在国外靠中国老祖宗孔子、老子、庄子唬洋人，回国后又靠西方诸大师的威名唬国人的"两头唬"式学者，出国前就发愿绝不用和中国有任何牵连的课题作为博士论文题目。因此，先生以当时人文学界，特别是德国学界难度最大的显学印度学作为主科，就是顺理成章的事了。

  无论是对于回顾先生个人的治学历程，还是从学术史角度研究中国的印度学史，都是非常幸运的是，历经半个多世纪里的屡次搬迁，更不必说还有一个"文化大革命"了，反映先生在德国治学一直到博士毕业的全貌的"学习本"居然奇迹般地幸存了下来，并且由先生在最新完成的有关自己学术研究的"自述"《学海泛槎》（山西人民出版社，2000）里发表了。由于这份资料本身具有很高的学术史史料价值，又尚未收入《季羡林文集》，见者极少，所以，我就将其中有关先生印度古代语言研究的部分摘录于下：

1936 年夏学期

Prof. Waldschmidt　　　初级梵文语法

1936—1937 年冬学期

Prof. Waldschmidt　　　梵文简单课文

Prof. Waldschmidt　　　译德为梵的翻译练习

1937 年夏学期

Prof. Waldschmidt　　　马鸣菩萨的佛所行赞

Prof. Waldschmidt　　　巴利文

1937—1938 年冬学期

Prof. Waldschmidt　　　印度学讨论班：梨俱吠陀

1938 年夏学期

Prof. Waldschmidt　　　艺术诗（Kunstgedicht）（迦梨陀娑）

Prof. Waldschmidt　　　印度学讨论班：Bṛhad-āraṇyaka-Upaniṣad

1938—1939 年冬学期

Prof. Waldschmidt　　　巴利文：长阿含经

Prof. Waldschmidt　　　印度学讨论班：中国新疆及中亚的梵文佛典

1939 年夏学期

Prof. Waldschmidt　　　梵文 Chāndogyopaniṣad

Prof. Waldschmidt　　　印度学讨论班：Lalitavistara（普耀经）

1939 年秋学期

Prof. Sieg　　　　印度学讨论班：Dandin 的十王子传

Prof. Sieg　　　　梨俱吠陀选读

1939—1940 年冬学期

Prof. Sieg　　　　讨论班：Kāsikā 讲读

Prof. Sieg　　　　梨俱吠陀选读

1940 年夏学期

Prof. Sieg　　　　吠陀散文

Prof. Sieg　　　　讨论班：Bhāravi 的 Kirātārjunīya 讲读

需要说明的是，"学习本"清楚地载明，在 11 个学期里，先生还研习了与英国语言文学、德国语言文学、俄罗斯语言文学相关的大量专题，甚至包括塞尔维亚-克罗地亚语、阿拉伯语、中国周代铭文，当然，更主要的还有印度宗教、考古、艺术、风俗、土地、民族等方面的课程，因为和印度古代语言研究没有直接的联系，在这里就从略了。

学术准备是非常艰苦的，比如，先生对一些极其艰深的经典巨著下了常人无法想象的苦功，举其要者，如 A. F. Stenzler 的 *Elementarbuch der Sanskrit-Sprache*（《梵文基础读本》）、F. Kielhorn 的 *Grammatik der Sanskritsprache*（《梵文语法》）、W. D. Whitney 的 *Sanskrit Grammar, Including both the Classical Language, and the older Dialects, of Veda and Brahmana*（《梵文语法：包括古典语言以及"吠陀"和"梵书"的较古方言》）、Wackernagel 的 *Altindische Grammatik*（《古印度语语法》）以及 Debruner 的续作、W. Geiger 的 *Pāli, Literatur und Sprache*（《巴利

文：文献与语言》)、H. Oldenberg 的 *Buddha*（《佛陀》），及他所汇集并且成为哥廷根印度学藏书特色的世界各地印度学论文抽印本，特别是印度学泰斗瓦尔德施密特教授和陈寅恪先生的老师 H. Lüders 的论著（如 *Philologica Indica* 《印度语文学》等等），更是对先生的印度古代语言研究产生了深远的影响。仅就上面所举者而言，其中没有一种是可以不花大力气就能够读通的。此外，先生当然还必须通过其他科目、语言的考试。

1941 年，先生完成并以全优成绩通过了博士论文 "Die Konjugation des finiten Verbums in den Gāthās des Mahāvastu"（《〈大事〉中迦陀部分限定动词的变化》）。这是先生研究印度古代语言的发轫之作，起点之高，是不能不令人惊叹的。

我们知道，早期佛典，除了巴利文佛典之外，还有许多并不是以纯粹的古典梵文，而是用掺杂了许多方言成分的"混合梵文"写成的。方言视地区不同，其语法变化各有特点，又随着"梵文化"的大趋势，各自向梵文转化。但是，转化的程度，亦即梵文化的程度却各有不同，从中就可以探求佛典的原产地和产生的时间。印度向来缺乏一般概念上的信史，所以，毫无疑问，这对于研究印度佛教史具有很重要的意义。《大事》就是一部分量极大、难度极高的混合梵文佛典。

先生的这篇德文论著是严格按照当时学界的规范，用标准的梯级章节形式写成的。因此，我在下面将论文的目录翻译出来，这样，对先生的这篇重要论文的主要内容就可以有一个大致的了解了。

《〈大事〉中迦陀部分限定动词的变化》
目录
导论：《大事》的语言与对它的学术评价

正文：《大事》中迦陀部分限定动词的变化 §1—103

Ⅰ 概说　§1

Ⅱ 原始字根的变化　§2—84

1 主动语态和中间语态　§2—77

A 特殊时态　§2—58

（1）带插入元音变位　§2—58

第一类　§2—18

现在时直陈语气　§2—6

祈愿语气　§7—11

命令语气　§12—14

虚拟语气　§15—16

未完成时　§17—18

第四类　§19—25

现在时直陈语气　§19—21

祈愿语气　§22

命令语气　§23

虚拟语气　§24

未完成时　§25

第六类　§26—30

现在时直陈语气　§26—27

祈愿语气　§28

命令语气　§29

未完成时　§30

（2）不带插入元音变位　§31—58

第二类　§31—35

现在时直陈语气　§31—32

祈愿语气　§33

命令语气　§34

未完成时　§35

第三类　§36—40

现在时直陈语气　§36—38

祈愿语气　§39

命令语气　§40

第五类　§41—45

现在时直陈语气　§41—43

祈愿语气　§44

命令语气　§45

第七类　§46—47

现在时直陈语气　§46

命令语气　§47

第八类　§48—53

现在时直陈语气　§48—50

祈愿语气　§51

命令语气　§52

未完成时 §53

第九类 §54—58

现在时直陈语气 §54—56

祈愿语气 §57

命令语气 §58

B 一般时态 §59—77

(1)完成时 §59

(2)不定过去时 §60—72

字根不定过去时 §61—62

带插入元音的不定过去时 §63—65

重复的不定过去时 §66

i- 不定过去时 §67—69

丝音不定过去时 §70—72

(3)将来时 §73—77

2 被动语态 §78—84

现在时直陈语气　§79—80

祈愿语气　§81

命令语气　§82

不定过去时　§83

将来时　§84

Ⅲ　派生动词语干的变位

1 第十类动词字根　§85—91

2 致使动词　§92—100

3 愿望动词　§101

4 加强动词　§102

5 名动词　§103

附录：关于语尾 -matha

结论

缩略语表

字根表

从这份首次译成中文的目录，可以清楚地看到，先生对《大事》限定动词的考察，严格依照一般通行的梵文语法处理顺序，极其平实。目录也充分表明，先生对这个问题的研究是全面深入、巨细靡遗的，完全符合先生一贯赞赏的德国学界的"彻底性"（Gründlichkeit）的要求。那么，先生在印度古代语言研究领域的这篇处女作又有什么意义呢？回答这个问题的最好办法，还是让先生自己的文章说话。因此，将此文的"导论"和"结论"译成中文，并非多此一举。"导论"的题目是"《大事》的语言与对它的学术评价"，言简意赅地说明了这个重要课题前此的研究状况：

> 《大事》是属于大众部律藏的一部佛典，以一种特别的语言编撰而成，这种语言过去被认为是"迦陀方言"。这个名称不多见，不过，这种语

言不仅用于佛教偈颂，还散见于铭文，并且同样出现在一些佛典的散文部分。现在，学者们依照 Senart 的说法，习惯地称之为"混合梵文"。

这种语言是如何出现的，迄无定论。根据 Vinītadeva 的说一切有部说，大众部使用俗语。但是，究竟用的是哪一种，据 Kern 的意见，则说得很少。关于俗语有很多种说法。

当代的学术讨论主要围绕着这样一些问题，即这种语言是否系

（1）独立的方言

（2）不完美的梵文

（3）从梵文到巴利文的中间阶段，或者

（4）受梵文影响而改变了的方言

（1）Hoernle 持此观点，即这种语言在基督降生前后一个世纪，是西北印度，更确切地说，是

印度河以东以西地区，所使用的本土俗语的一种文学或主要的语言变种，最终被 Pāṇini 梵文取代。Harapraad Sāstrī 也相应地否定了"方言化梵文"或"梵文化方言"这类名称。他认为，这种语言是公元 2 世纪的北印度日常所讲的一种方言。Muir 也认为这是一种独立的方言，假如不是口语，也至少是书面语。

（2）Burnouf 对两种可能性都加以考量。在他看来，是一种从梵文发展而来的大众方言的可能性比较小。

倒不如说，这种语言是诗人们的作品。他们在使用梵文时，又需要母语里熟悉的自由感。E. Müller 同意这个观点。G. Bühler 写道："我以为，它是受过半吊子教育的人努力想用婆罗门圣语写作的产物。"R. G. Bhandarkar 表述了同样的观点，

J. Wackernagel 则予以清晰的阐述。他认为，大众对婆罗门语言是不感兴趣的，自己试图独占梵文，这种企图却给他们造成了困难。起先，他们用一种曾经是占优势地位的俗语的特用语写作。不久，通过梵文语尾以及时而规则化、时而个别的中古印度语形式向古印度语转化的影响，这种俗语向更高级的语言靠拢。A. A. Macdonell 写道："但是，随着时间的流逝，佛教徒和耆那教徒都致力于获取梵文知识，这就促使形成了一种特用语的形式。这种特用语主要是俗语，通过接纳梵文语尾、经过其他的调适，人为地使其近似于梵文。"W. Wüst 总结了这些意见，将迦陀方言确定为"人们所需要的和梵文相适应的俗语。人们想使用梵文，却又对梵文没有足够的了解。"A. B. Keith 也是这个意见，虽然他认为另一种看法也是有可能的："'混合梵文'代表了向某种原始梵文的真正发展。"

（3）Rājendralāla Mitra, "*Lalita-Viatara*"（Bibliotheca Indica 1877）的首位编订者，得出的结论是，我们在这种方言里可以看出从梵文向巴利文发展的中间阶段。

（4）Senart 则将这种语言确定为经过梵文正字法的大众特用语，并且据 Kern，迦陀原来是用纯粹的俗语写成，此后才梵文化了。S. Lefmann 表达了同样的意见："从历史的或遗传的角度考察，我们只能认为，这些偈颂的原初形式是大众语言（Māgadhī）。这种语言在用于写作和进一步形成的过程中，尽可能越来越多地、最终彻底接受了高级语言和书面语言的形式。民间大众中所形成的原本一致的本质和特征，丧失在不断进展的'梵文化'过程里发生的模仿和流变之中。"H. Jacobi

同意这个观点。"那些用梵文写作的人以为，按照一定的普遍的规则，可以将他们常用语言（俗语）的字词翻成梵文。"

尽管有如此多种多样的说法和探究，遗憾的是，仍然缺乏对《大事》语言的系统研究。为了跨出第一步，我在下列论文里，首先要描述《大事》中的限定动词，并且希望，此后可以对《大事》其余的语法特征进行类似的研究。由此，根据这些语言方面的确证，我们可以更加清楚地理解混合梵文的形成与特点。

那么，先生的研究完成之后，得出了什么结论？这个对于研究印度古代语言、佛教至关重要的领域呈现出什么样的新状况？后人可以赖以继续研究的新基础又是怎样的呢？如上所示，最好的办法依然是将先生此文的与"导论"同样要言不烦的"结论"从德文翻译过来。"结论"是：

上述研究表明：

（1）《大事》的语言并非像 Hoernle、Sastri 和 Muir 认为的那样是一致的独立方言。因为，大量的双数形式证实了，它是一种混合方言。

（2）如果将他们的考虑限制在语言的特点上，那么，Burnouf、E. Müller、Bühler、Bhāndārkar、Macdonell、Wackernagel、Wüst、Keith 的看法并不是不可能的。然而，他们没有能够说明，哪种俗语是编撰者当做母语使用的，编撰者又是在哪些情况下认为有必要写梵文的。

（3）要在《大事》的语言中看出从梵文发展到巴利文的中间阶段，这种想法肯定是错误的。

因为，人们早就知道，巴利文是不可能直接从梵文推演出来的。

（4）我同意第四种意见，即这种语言的基础是一种俗语，被逐渐梵文化。而且，我还认为，这种作为基础的俗语（出世部经典所用语言）是一种与巴利文有近缘关系的方言。

《大事》和巴利文经典在文体风格上的亲缘关系已经多次得到强调了。这点由 Windisch 在《摩罗和佛陀》(Leipzig 1895) 和《佛陀降生》(Leipzig 1908) 里暗示了，他在晚些的一篇论著《〈大事〉的结构》里得出了结论："《大事》最后部分是以《大品》为基础的。"同时，他也暗示，《大事》的编撰者在加工过程中，可能使用的既非某部写本，也非口头传承，而是某种正在进行之中的传承。在这样的传承中，古老的文本组合会发生松动,尽管有许多片断和表述被牢牢地保存在记忆里。他的观点一般来讲是正确的。但是,他认为《大事》是直接从《大品》产生发展而来,这种看法则与事实不符。

顺着这个方向,Oldenberg 的路子是对的。他区分了《大事》的两种文体风格,称之为 A 和 B。A 轻松自由,限定动词的使用明显要少。B 则反之,单调刻板,限定动词占统治地位。B 明显比 A 古老,Oldenberg 看出 B 和巴利文经典有着密切关系。编撰者或整理者自己撰写了 A。Oldenberg 得出的结论是:编撰者是在经、律文本的基础上工作的,经、律里某种和巴利文经典关系很近的基础文本被添加上较晚时代的味道,反复扩充。正好,完全按这种添加的方式编撰而成的经被收入那部经典。编撰者从这部经典中,时而截取一些较短的段落，时而截取整部经或者较长的律说，将这些部分混揽和扩展为非经典的文体风格，但是，还是经常显露出和经典的相似之处。

Oldenberg 将他的研究限制在文体风格上。我们依据语言研究也得出了同样的结论。我们现在可以断定，说出世部经典不仅在文体风格上与巴利文经典非常接近，而且在语言上也是如此。梵文化所涉及的，在佛典里并非独特的现象。纯粹的中古印度语向混合方言、混合方言向梵文交替。《大事》在中古印度语向梵文的发展途中具有自己的地位。

上面的这段文字足以体现先生印度古代语言研究发轫之作的学术价值了。绝不应该遗忘的还有这篇博士论文的附录"关于语尾 -matha"。-matha 是动词第一人称复数的语尾，不见于其他佛典。有的学者，比如 Senart 对它百思不得其解，想把它解释为 -ma tha。先生则明确证明，它只能是一个完整的语尾。语言学天才，目盲而通晓包括吐火罗语在内数十种语言，时任哥廷根大学比较语言学教授的 W. Krause 在让人给他读了这个附录后，惊喜万分，称之为一个了不起的发现。因为，同样或类似的语尾竟然也见于古希腊文，-matha 这个奇怪的语尾将给印欧语系比较语言学提出新问题。这在当时的印欧比较语言学界，特别是作为其中心的哥廷根大学引起了轰动。

先生在阅读混合梵文佛典时，注意到在不少地方存在着语尾 -aṃ 变成 -o 和 -u 的不寻常的音变现象。先生对这个问题也进行了彻底的研究，写成了"Die Umwandlung der Endung -aṃ in -o und -u im Mittelindischen"（《中古印度语言中语尾 -aṃ 变为 -o 和 -u 的现象》），由 Prof. Sieg

推荐，于 1944 年作为地位极其崇高的 *Nachrichten der Akademie der Wissenschaften in Göttingen, Phil. -Hist. Klasse*（《哥廷根科学院院刊〈哲学历史学类〉》）第六号专刊发表，对印度古代语言学界，尤其是混合梵语研究产生了半个世纪并且似乎还将延续下去的巨大影响。

这篇论文考察了阿育王铭文、较晚的佉卢文铭文、Dutreuil de Rhins 写本残卷、中国西域出土的佉卢文文书（包括于阗俗语、尼雅俗语）、混合方言佛典写本、Apabhraṃśa 语、和阗塞种语、龟兹文、粟特文中的 -aṃ 变为 -o 和 -u 的现象。先生用以确定印度古代俗语的地域的方法，主要是 H. Lüders 首倡的，即利用阿育王铭文。阿育王统治的版图，在印度古代史上堪称空前。阿育王不使用梵文，而是用"古代半摩揭陀语"。这种语言本身的流通范围有限，因此，只有将以这种语言写就的敕令翻译成各地的方言，才能有效地宣王命于天下。

中亚写本一页

既然如此，那么，只要将这些同样来源于摩揭陀语敕令的各地方言铭文加以比较，它们之间的不同之处也就清晰可见了。这种探究各地方言的语法特点的方法，应该是最有效的。为了用尽量原始的资料直接说明问题，我还是将先生此文的"结论"从德文译成中文：

> 我在不同的方言和语言中追踪了语尾 -aṃ 向 -o 和 -u 的奇特转换。这种转换最早出现于阿育王碑铭的 Shāhbāzgaṛhī 铭文，较晚则见于佉卢文铭文，无疑都表明，这种现象的老家是包括今天的阿富汗的一部分在内的西北印度。鉴于 Dutreuil de Rhins 写本是用西北方言写成的，而于阗俗语和尼雅俗语的老家都在西北印度，那么，我们在这些语言里，一如在 Apabhraṃśa 里，可以发现这种转换，也就是理所当然的了。

用混合方言写成的佛典却给这个解释带来了一些困难。在一篇早些时候的论文里，我曾经认为可以证明，不仅是巴利文佛典，还有混合方言佛典、梵文佛典，它们之中比较古老的部分都是以一部用东方方言即半摩揭陀语写成的原始佛典为基础的。但是，-aṃ 转换成 -u 在大量的混合方言佛典里却并不少见，这是它的显著特点，我又将这种转换确定为西北方言的特征，这显然是和我在上面的说法相矛盾的。这又如何解释呢？

众所周知，从早期起，佛教就已经在西北印度直至今天的阿富汗发挥了很大的作用。孔雀王朝建立以后，与西方的交往开始活跃起来。这就使佛教有了传播的可能，阿育王则从根本上推动了佛教的传播。公元前 245 年华氏城（Pāṭaliputra）结集以后，末田地（Madhyāntika）被派往迦湿弥罗和犍陀罗传播佛教。佛教向中亚以及远东的进一步传播，至少就其第一阶段而言，也得经过犍陀罗才能够发生。在这些情况之下，我们马上就可以判断，有从原始佛典而来的大量佛教文献被翻译成西北方言。可惜正是这点和我说法相矛盾。唯一的例文是 Dutreuil de Rhins 写本。还有公元 20 年的 Kurram 首饰匣上的铭文，上有一句箴言，是因缘缘起的套话，也出自用西北方言写成的佛典。当时一定有很多这类的佛典。

迦湿弥罗以说一切有部的主要据点著称。说一切有部从这里传向中亚和中国，义净在他的行纪里有所记载。与此相应，在中亚也发现了大量的说一切有部佛典。尽管后来，可能在迦腻色迦时期的结集以后，说一切有部也采用梵文作为经堂语了。但是，极有可能，它最早使用的还是和地域相称的古代西北方言。上述的首饰匣铭文也出现了"说一切有"的名称，那句引语所从出的佛典，据 Konow 的看法，也属于说一切有部，该部派在引入梵文以前也许就已经有了一部用古代西北方言写成的自己的经典了。在我看来，除了说一切有部以外，还有其他部派的经典也使用同样的语言，也并非不可能。

如果我们现在回到其中出现了语尾 -aṃ 转化为 -u 现象的那些混合方言佛典，那么，我们可以有条件地接受这样的看法，即它们属于其经典使用古代西北方言的那些佛教部派。无论如何，我们应该断言，含有 -aṃ 向 -u 转换现象的部分出自用西北方言写成的经典。u- 形式在不同的混合方言著作中出现的频繁程度也不同，在一些经典中从头到尾均匀出现，而在一些经典中则仅见于某些部分。

关于《普耀经》(*Lalitavistara*)，我以前曾经证明，它不是一部首尾一致的诗歌，而是从不同的来源形成的，说它和巴利文平行本接近是不够的，可以相当肯定地讲，它是很古老的。现在，我认为可以清楚地看出这部经典是如何完全形成的了。像其他大量的古老经典一样，它的基础也是逐渐梵文化的半摩揭陀语佛典。编撰者或此或彼还使用了其他的材料。这些出现了语尾 -aṃ 向 -u 转换的部分出自用西北印度语写成的原型，此后也随着时间的推移急剧梵文化了。

《妙法莲华经》清晰地呈现出这个过程，我们在此很幸运，拥有两个本子，一个较古的喀什噶尔本，一个稍近的尼泊尔本。以前我认为业已表明，此经原本以古代半摩揭陀语编撰而成，喀什噶尔本与尼泊尔本相比，接近原本得多，喀什噶尔本里的古代半摩揭陀语形式，在尼泊尔本中，随着梵文化的加深被逐渐排除了。古代半摩揭陀语形式被清除的同时，尼泊尔本里也出现了语尾 -u 取代 -aṃ 的现象。由于喀什噶尔本本身是个残本，又尚未校订出版，我只能使用 Kern（和南条合作）的本子（Bibliotheca Buddhica X, St. Pétersbourgh 1912），所以，我不打算断言这类形式在喀什噶尔本里的出现频率。喀什噶尔本里的语尾 -aṃ（以及代表 -aṃ 的 -a）在尼泊尔本里被 -u 替换，这个事实可以由大量例子来证实。（例子略，参见《季羡林文集》第三卷 225—227 页）

上述可见，-u 替换 -aṃ 在喀什噶尔本（O.）中还相当少见。在这方面，尼泊尔写本 MSS. W. 最接近于喀什噶尔本。这里有一个有趣的例子，可以说明一部古代半摩揭陀语经典是如何逐渐具备了西北方言的外表的。其过程可由下列图式予以说明：

古代半摩揭陀语→西北方言→梵文化

这个图式不仅适用于《普耀经》和《妙法莲华经》，而且也适用于所有在其中语尾 -u 替换了 -aṃ 的其他较古的佛典。我以为，这个结论对于研究佛典具有重大的意义，虽然就算人们考虑到佛教的传播史，这也并不令人吃惊。摩揭陀固然是故乡，犍陀罗则更是"佛教的第二圣土"。无数的古老佛典穿过这两片土地，也就带上了它们的痕迹。

我想转而讨论一下汉语的《长阿含》，可惜其印度原本已佚失。渡边已经确定它属于法藏部。Przyluski 结论相同。关于其语言，F. Weller 的意见是，汉译本的原型并不是用梵文编撰的。但是，迄今为止，尚未能够指明它出自哪种具体的俗语方言，人们近来想到了所谓的迦陀方言。Waldschmidt 曾经深入细致地研究过这个问题，他认为这种语言是一种非常古老的中古印度方言，和巴利文同样古老，甚至比巴利文还要古老。据他的看法，《长阿含》方言最显著之处是语尾 -u 的频繁出现。他举出 Dutreuil de Rhins 写本的语言作为类比，指出两种语言在某些方面具有亲缘关系。同时，他也注意了两者之间的区别，首先提到的就是 Dutreuil de Rhins 写本里罕见的 -e 语尾。

最后，我认为，上面所说表明，今天我们已经有可能再进一步，进而确定《长阿含》原本的语言了。仅凭语尾 -u 的频繁出现就足以说明，这种语言一定是古代的西北方言。Waldschmidt 将 Dutreuil de Rhins 写本和其他语言的特点进行了相互比较。诸如保持了 r 变成齿音、保留了三个丝音，这些都是古代西北方言最显著的特征，说明《长阿含》的语言属于古代西北方言。众所周知，梵文的 kṣa 在西部和西北方言里变成 cha。Waldschmidt 认为，《长阿含》的语言里有可能保留着 kṣa，不过，人们并不知道，三个发音都是 Tscha（Rosenberg Nr. 60, 72, 162）的中文字对应的究竟是 kṣa 还是 cha。我认为后者的可能性较大。根据 Waldschmidt 列出的表格，那个标号为 R. Nr. 72、在三个字中最为常见的字，也可以还原成梵文的 cha。最后还要补充一点，《长阿含》的语言和 Lüders 定名为古代摩揭陀语、古代半摩揭陀语、古代 Sauraseṇī 的语言出于同等地位，因此，一般而言，齿音并不脱落。

　　Konow 将西北俗语区分为两种方言：东部的 o-方言和西部的 e-方言。他写道："o-方言区在北方延展到印度河流域，包括超出流域范围的 Mahāban 地区；在南方则包括 Mohenjo Daro、Tor Ḍherai。我们在 Panjtār、Yākubi，可能还有 Mārguz，发现阳性以 o 结尾，中性以 e 结尾。印度河以西地区除了上述例外，完全是 e 的天下。只有在 Wardak 有 o，而这是来源于东方的另一个标志。"他还进一步将 e-语尾视做处于西北俗语和像塞语 ä、i 那样的伊朗语语尾的中间状态。《长阿含》语言里的 -e 语尾也许可以说明，这种语言和尼雅俗语、Mānsehrā 铭文一样，都属于西北俗语 e-方言。然而，就这里而言，语尾的多样纷杂占了主要地位，已经定型的形式却数量很少。这就需要再收集材料，加以进一步研究，以期可以就这个问题得出某种结论。

我想就《大事》稍作讨论，以结束本文。这部著作属于大众部分支说出世部，由于其独特的语法形式，也由于其广博的内容，对于我们了解佛教传说具有重大的意义。尽管我们也在其中发现了一些零星的形式，比如 sphaṣeyāti（Ⅱ, 26, 11）、tyajeyāmaḥ（Ⅱ, 105, 13）、parivarjeyāmaḥ（Ⅱ, 79, 3）、bhaṇeyātha（Ⅱ, 105, 4）等带原始语尾的祈愿语气，这些都可能是西北的形式，但缺少其他混合方言文献中的 -aṃ 变成 -u 的现象。我们从中应该可以得出结论，即《大事》和西北印度没有关系，也没有经历"西北俗语"的中间阶段。

-aṃ 变成 -u 也不见于巴利文。

先生的结论如上，我们不必再做什么蛇足之论了。

这篇长文在印度古代语言，特别是混合梵语学界引起了至今尚未停歇的轩然大波，我们在下一节里再加以论述。

1949年，同样在《哥廷根科学院院刊〈哲学历史类〉》专刊正式发表的"Die Verwendung des Aorists als Kriterium für Alte und Ursprung buddhistischer Texte"（《应用不定过去时的使用以断定佛典的产生时间和地区》）——这篇文章的中文译名尚不统一，先生本人也曾使用过不同译法，这是先生自己最新的译法（见《学海泛槎》53页）——是一篇学术意义绝对不在上面一篇之下的主要论文，其写作时间尚在上面一篇之前，这一点，对于研究先生的学术史以及中国印度学史都是不可忽略的。《印度古代语言论集》（中国社会科学出版社，1982）就已经在这一点上出现了混乱（参见该书，210页注90、213页注103都注出此文未刊时的原名"Zu den mittelindischen Aoristen"（《论中世纪印度语言中的不定过去时》，先生在《学海泛槎》中作"In den Mittelindischen Aoristen"，当系先生回忆之误），注明"待刊"；但在 214 页注 105 却已经标出正式出版后的名称以及所刊刊物，体例不一致，当系编者之误。）《季羡林文集》第三卷编校都很精审，但在这一点上也未加注意。（240 页注 90、242 页注 103、105 都直接以正式发表后的形式出注。在发表于 1944 年的文章中出现 1949 年的出版物，显然是不合适的，当以注明"当时尚未刊"为妥）

这篇由于战争原因未能及时出版的论著，不仅其题目是由 Waldschmidt 教授改定的，编校出版也是由他一手安排的。这篇长文的具体章节如下，从中可以清楚地看出此文所关注、所涉及的领域和问题：

作为文体风格判断标准的不定过去时

A. 选自《大事》的不定过去时例证

1. 舍利弗和目犍连的皈依（Ⅲ，56，6—59，19）

a）晚期风格的片断（Ⅲ，56，6—59，19）

b）早期风格的片断（Ⅲ，60，1—63，2）

2. Yasoda 的故事（Ⅲ，401，19FF.）

a）晚期风格的片断（Ⅲ，401，19—408，6）

b）早期风格的片断（Ⅲ，408，6—413，15）

3. Sabhika 的故事（Ⅲ，389，13FF.）

a）晚期风格的片断（Ⅲ，389，13—394，12）

b）早期风格的片断（Ⅲ，394，13—401，15）

4. Sakya 和 Koliya 王室血统的来历（Rājavaṃśa《王史》）（Ⅰ，338，13FF.）

a）早期风格的片断（Ⅰ，338，13—348，7）

b）晚期风格的片断（Ⅰ，348，8—355，14）

5. 沙漠商队首领 Dharmalabdha（Ⅲ，286，16FF.）

6.《大事》早期风格部分不定过去时情况以及对应的巴利文段落

B. 选自 Divyāvadāna（《天业譬喻》）的不定过去时例证

1. Pūrṇa 的故事（Divyāv. II）

a）晚期风格的片断（24—36，14）

b）早期风格的片断（36，14—39 至结尾）

2. Syāmāvatī（巴利文 Sāmāvati）的故事（528，22FF.）

a）晚期风格的片断（528，20—533，9）

b）早期风格的片断（533，10—534，26）

3.《天业譬喻》早期风格部分不定过去时例证以及对应的巴利文段落

C. 选自《普耀经》的不定过去时例证

1.《普耀经》中的不定过去时例证以及《大

事》和巴利文中的对应段落

D. 属于小乘或处于小乘、大乘过渡阶段的其他佛典中的不定过去时

E. 佛典基础方言的确定

F. 阿育王碑铭和 Dutreuil de Rhins 写本中的不定过去时

1. 阿育王碑铭中的不定过去时

2. Dutreuil de Rhins 写本中的不定过去时

G. 巴利文中的不定过去时

H. 大乘佛典中的不定过去时

I. 耆那教半摩揭陀语中的不定过去时

附录 1　论语尾 -ittha

附录 2　论 Hemacandra（寒月）Ⅳ，289—290

这篇长文的全貌就是如此，充分体现了先生一贯

坚持的"坚实、周到、细致、彻底的，几乎是滴水不漏的治学方法"（见《学海泛槎》58页）。与先生的前两篇德语论文略有不同的是，这篇没有专节"结论"。但是，实际上起到导言作用的"作为文体风格判断标准的不定过去时"和"E. 佛典基础方言的确定"，具有特殊的重要性，尤其是对于无法直接利用先生收集、整理的大量原始资料的人来讲，就更是如此了。我还是先将这两段译成中文：

> 作为文体风格判断标准的不定过去时
>
> 我们知道，有一些北方佛典，特别是用混合方言编撰而成的，其文本混杂着的两个层面，一个较古，一个较新。这两种文体明显是相互分离的。Oldenberg 称较新的文体为 A，较古者为 B，并且指出，这些文献的编撰者本人是以 A 文体写作

的。他的看法是正确的。这些显示出较古特征的部分，是由编撰者从较为古老的来源汲取过来的，或多或少经过了修订。Oldenberg详细分析了《大事》，以此为基础列举出两种文体的一些特点。就文体A而言，就有很多的名词性结构，限定动词的使用明显减少，有些限定动词被现在时取代，至于句子连接，则在代词形式的ta-或副词性派生词之后常有dāni。较古部分B却完全不同，名词性结构罕见，限定动词占优势，khalu取代dāni用于句子连接。

我认为，所有区别标志中最为显著的，是在晚期文体中几乎完全没有不定过去时，而在早期文体中，不定过去时不仅数量很多，而且几乎是唯一的过去时形式。在《大事》中，这种现象尤其明显。

E. 佛典基础方言的确定

以上是对混合方言和梵文佛典里早期文体部分的讨论，这些佛典属于小乘或处于小乘向大乘过渡的中间阶段，几乎都可与巴利文的对应段落相互比较。结果是，虽然这些部分有些和巴利文本几乎是字字对应，但是，它们偏离巴利文本的程度是很大的，也是很清楚的。由此可以得出结论，语言绝对古老的巴利文佛典不可能是混合方言和梵文佛典的来源。这就使我们比较容易接受一部原始佛典的存在，较古、较新的两种文体都来自原始佛典。

我们发现，在较新的文献里不定过去时的使用进一步减少，据此可以推论，在原始佛典中，就像在南传和北传佛典里一样，可能有更多的不定过去时。实际上就是如此。我们从《大事》的例子可以看出,即使是语言上堪称佛典最为古老的传承形式的巴利文佛典,也没有采纳原始佛典全部的不定过去时。在以相当准确的梵文编撰而成的文献中,频繁出现不定过去时,尤其是中古印度语的不定过去时,也在另一方面表明,不定过去时曾经在原始佛典里发生过极其重要的作用。尽管随着语言的进一步演变,偏离现象也越来越明显,不定过去时仍然保留了下来,并不罕见。

一般而言,我们的研究说明:

1. 不定过去时是混合方言和梵文佛典较为古老部分的非常显著的特征,这些部分或多或少,是一部用某种特定方言写成的原始佛典的不完全的译本。

2. 就如与巴利文本进行比较后所表明的那样,这些较古部分中不定过去时使用的减少是引人注目的。

3. 较新的佛典和部分篇章用其他的动词形式代替不定过去时，但是，在晚期文体里和更晚的文献里还是保留了一些不定过去时。

有人也许会问，原始佛典是用哪种语言编撰而成的？一般的看法认为用的是某种东部方言。这方面已经有了不少尝试，否则，人们就无法在语言方面进行深入研究了。不过，我认为，《大事》和其他一些佛典证明了这一点。

关于《大事》里较古老的部分，必须设定一个方言模本，其地区可以据下列判据予以考定：

（1）我们发现一些 a- 语干阳性名词复数呼格以 -āho 结尾。（例见《季羡林文集》第三卷 287 页以下，此略）

（2）通常在 eva 之前插入一个 y。（例见同上

书 288 页）

（3）现在时祈愿语气主动语态第一人称单数和第三人称单数虽然一般作 -eyaṃ 或 -eya，但是，也有 -eham、-eha 的形式。（例见同上书 289 页）

（4）有个别 y 变为 v 的例子。（例见同上书 289 页）

（5）有 hoti、hosi 的形式。（例见同上书 289 页）

首先，在摩揭陀语里，-āho 的形式用于 a- 语干阳性名词复数呼格，是 Kramadīsva 和 Mārkandeya 所允许的。长元音后出现 -yeva 也是摩揭陀语的特点。语尾 -eham 的 h 代表 y，y 变成 v，都仅见于阿育王碑铭的东北方言。最后，hoti 也是摩揭陀语残余。据此，我们大概可以有较大把握说，《大事》较古部分的模本是用东部方言编撰而成的。我追随 Lüders，将这种方言称为古代半摩揭陀语。

Lüders 告诉我们，在古代半摩揭陀语里，a-语干的复数体格语尾是 -a，元音结尾语干的阳性复数业格语尾是 -ni，语干尾音拉长。如果上述推论也是正确的，那么，我们就必须期待在我们讨论的佛典里也出现同样的情况。实际上，这些情况是大量的。在好些地方，我们没有把握说，复数体格的语尾真的就是 -ā，或者受句内连声规则的限制代表 -aḥ。但是，在绝大多数情况下，阳性复数的语尾确实就是 -ā，在我看来，这是清楚的。列举出所有的例子是不可能的，如下这些可能也就足够了。(例见同上书 290—291 页)

这些形式在其他的混合方言文献中随处可见。

元音语干阳性和阴性复数业格语尾作 -ni，在数量上要少得多。尽管如此，列举出所有的例子，也许是不必要的。下面，我就只从《大事》第三

册中选出如下阳性和阳性业格语尾是 -ni 的例子。（例见同上书 291—297 页）

阳性和阳性复数业格的这种构成方式，和在阿育王碑铭里一样，并不仅限于名词，同样也见于代词甚至数词。（例见同上书 297—298 页）

阳性和阴性复数体格语尾作 -ni，可由下列例子证明。（例见同上书 298—299 页）

代词和代词形容词阴性和阳性复数体格语尾作 -ni，见下。（例见同上书 299 页）

当然不能排除有一些名词发生了性别转换的可能性，但是，由于在绝大多数情况下并见不到这种转换，特别是 aśva、ṛṣi、dāraka、dārikā、dāsā、putra、vāṇija、vānara 等等这样的字发生性别转换是难以想象的，所以我认为，这一点并不重要。再进一步说，假如真的出现了性别转换，那么，我们也应该希望上列以复数体格语尾为和中性语尾为 -ni 的字还有其他的格位形式。然而，这些形式极其罕见，只能用形式转换来解。阳性复数体格语尾几乎都是 -āḥ 或 -ā，阴性则是 -āyo 或 -ā，其余阴阳各格也用相应语尾。我在此只能举出一些例子。（例见同上书 300—301 页）

就上列这些字来看，接受性别转换的说法是完全与事实相悖的。复数业格语尾一般是 -ān(-ām)，我仅举数例。（例见同上书 301—302 页）

《大事》里的元音语干阳性阴性复数业格语尾作 -ni，拉长语干尾音，无疑是从一种更古老的语言，即古代半摩揭陀语接受来的，我们必须这么看。

先生这篇名文中使用不定过去时，对判定不少具体佛典的语言和产生地区，提出了很多重要意见。上面节译的只不过是此文的主旨。较为通俗的解说，可参见《学海泛槎》的有关部分。这篇文章引起的反响，先生本人是在几年之后才有所了解的，因此，也放到下面一节来加以评述。

本节的标题是"留德十年中的四篇长文"，另一篇"长文"照理是指《吐火罗文的〈佛说福力太子因缘经〉诸异本》("Parallelversionen zur tocharischen Rezension des Punyavanta-Jataka")，由 E. Sieg 教授推荐，1943 年发表在著名的《德国东方学会杂志》(*Zeitschrift der Deutschen Morgenlandischen Gesellschaft*) 第 97 卷第 2 册。由于战争原因，先生的博士论文当时未能出版，呈缴的是打印本，因此，从发表时间上来看，此文倒是最早。虽然也收入《季羡林文集》第三卷"印度古代语言"卷，但是，就其主题而言，虽然也以佛经为主要对象，却似乎更应该收入第十二卷"吐火罗语研究"。显然，它应该是"季羡林与吐火罗语研究"的评述对象。

能够使"四篇长文"不成为虚文的是"Pāli Āsīyati"。文章发表于1947年，当时先生已就任北京大学讲席；发表的杂志是辅仁大学的《华裔学志》(*Monumenta Serica, Journal of Oriental Studies of the Catholic University of Peking*)。尽管如此，无论是写作的语言（德语），还是行文风格、引用的资料，当然更重要的还是先生本人的回忆，将此文放在"留德十年"内肯定是不错的。文章很短，从篇幅上将不属"长文"之列。但是，它依然是一篇极其重要的论文。巴利文 āsīyati 的来源，是一个长久以来聚讼纷纭的问题，此前的学者由于将目光只限于巴利文本身，一直没有能够解决。先生第一个突破这种画地为牢的研究方法，将目光不仅伸展到混合梵文，甚至还利用了不少汉译佛典的材料，从而"做出了可以肯定是正确的答案"。这篇文章解决的何止是一个字的来源问题，它在方法论上也做出了贡献，展示了新的技术手段、研究思路。可惜的是，至少是从语文学角度研究巴利文的人，至今很少意识到这一点。

二 三十年里的四篇文章

这节令人哀叹的题目中的"三十年"是个大致的数字，指的是从先生回国的1947年到"文化大革命"后的1977年。这三十年，相比之下，与国外学界联络的断绝、研究资料的极度缺乏，实在是小得不能再小的问题了。先生在《学海泛槎》里，关于这一段岁月到处都留下了"这一年等于一个零""这一年又是一个零""这一年当然又是一个零"的自评，触目惊心。

还必须强调的是，这几篇文章中的最后一篇写于1958年4月4日，也就是说，还都是前十年间的作品。

在此后的日子里，岂止"封、资、修""大、洋、古"六毒的印度古代语言研究在中国的命运是可想而知的了。

1947年11月22日，先生写成了短文《论梵文妙法莲华经》（收入《季羡林文集》第七卷"佛教"）。这篇文章是介绍性的，主要涉及初期佛典文字方面的问题，指出其原本一定是用古代东部方言古代半摩揭陀语写成的。因此，《妙法莲华经》是从印度东部古摩揭陀地区传到西北部，然后由中亚到中国、日本。1950年10月1日完成的《记根本说一切有部律梵文原本的发现》，也以简单介绍为主。1956年12月17日完成的《原始佛教的语言问题》也是大体上如此，虽然有功于将一个当时国外学界的前沿问题引入国内，但是，也只能说是一般概说性的介绍。

四篇中最为重要的是1958年4月4日写就的《再论原始佛教的语言问题——兼评美国梵文学者佛兰克

林·爱哲顿的方法论》。这是一篇论争性的论文。我在第一节里曾经提到，先生在德国发表的实际上可称为专书的两篇长篇论文引起了印度古代语言研究领域的震动。Franklin Edgerton 在 1953 年发表了《佛教混合梵文文法和字典》(*Buddhist Hybrid Sanskrit Grammmar and Dictionary,* Yale University Press)。这是一部巨著，上册文法，八开本 239 页；下册字典，八开本 627 页。这部书甫一出版，就受到广泛关注。Edgerton 在"导论"部分不惜大量篇幅，就先生《中古印度语言中语尾 -aṃ 变为 -o、-u 的现象》和《应用不定过去时的使用以断定佛典的产生时间和地区》展开论争。先生的博士论文大概由于尚未正式出版的缘故，Edgerton 未予提及。先不论 Edgerton 的意见是否正确，他的做法本身就表明，先生在上述两篇文章里提出来的观点对印度古代语言，特别是混合梵语的研究具有极其重大的意义，因此是无法绕开、无法回避的。下面，我就根据 Edgerton 此书的 Motilal Banarsidass 1985 年版本，将他直接和先生不同的意见译成中文：

1·24 季羡林也相信"古代半摩揭陀语"是佛典的"原始"语言。他根据佛教混合梵语、特别是《大事》里被指称为"东部的"形式，推演出五条意见。

1·25 第一，复数呼格语尾是 -āho。这个形式不仅见于摩揭陀语（注意，不是半摩揭陀语！），而且还有 -aho、-ahu 的形式。在所有时期，Apabhraṃśa 都有。a 在 Ap 里当然显然是次要的缩短。这反证了，该语尾仅是"东部的"特点是不成立的。

1·26 第二，"eva 前通常插入 y"。元音后，有时在 anusvāra 后的 yeva 形式，在巴利文里相当普遍，绝对是一个当地的形式。即使在元音后，它在《大事》里也远没有 eva 那样常见。我在另一部混合梵语佛典里也注意到了这个情况。因为它和巴利文一致，所以肯定不能证明它和"东部的"关联。而半摩揭陀语则缺乏这种形式，尽管它见于摩揭陀语。

1·27 第三，据称是祈愿语气单数第一人称（及第三人称）语尾的 -eham（-eha）。关于这一点，见 §31·21, 22，我讨论了所有这类情况，完全不可能被设想为动词形式。季没有列举出我所讨论的所有情况，但也列出了我讨论以外的，如 dade'ha Mv iii.46.14（韵文）和 upanayehaṃ82.14（韵文）。这些肯定应该读成 dade'ha（=ahaṃ；由于韵律关系的鼻音化）和 upanaye'haṃ（顺便说一下，写本作 upanaye, haṃ 是 Senart 的校订，尽管它或许真是对的）。其他有许多在文本上是可疑的。一些则肯定包含有代词（a）ham。假如真有语尾 -eha（ṃ），虽然我是有一点疑问的，我也认为它应该被视做将来时，而非祈愿语气。阿育王碑铭里的形式似乎比《大事》里的更像一些。它们不仅见于东部文本，尽管它们在西部的出现通常被用肤浅的假设"摩揭陀语残余"来解释。总而言之，混合梵语是否有 -eha（ṃ）这样的动词语尾是有疑问的；即使有，也可能是将来时，而非祈愿语气。没有理由将它视作是"东部的"。

1·28 第四，-āyo 变成 -āvo。季文 271 页注 7 没有说服我，y 被 v 替代应该被看作是"东部因素"。他所举例子的绝大多数，如祈愿语气第三人称复数语尾 -yuḥ 变成 -vu，并不能很好地对应 -āyo 变成 -āvo，因为后续元音可以被怀疑是要为 -y 变成-v负责任。这种变化在巴利文（如āvuso）和其他任何地方都是常见的。-āyo变成-āvo很难被归因于后续的同化。季本人也注意到，y、v互换在很多地方都可以见到，要是零星的多好！很古的时代的，见§2·31；吠陀变体，见Ⅱ§246。注意，相对于其他文献里的，学派更多用。没有充分的理由将变成这个现象限于任何地区，在一个元音前面散文这种变化应该同在其他元音前面的变化区别开来。

1·29 第五，代表bhavati的hoti，季按照Michelson的意见，称之为"摩揭陀语残余"。Michelson唯一的理由是，hoti见于所有的阿育王碑铭，而bhoti和bhavati仅见于西部的阿育王碑铭。hoti这个形式（注意，在混合梵语里比bhoti远为罕见）在巴利文里相对普遍，它的对等字在绝大多数俗语里同样普遍。这是中古印度语的一般通则，显然是原本适用于元音后重读词后词的用法的形式，元音之间的 bh 变成 h，如在所有阿育王碑铭方言里复数具格的语尾 -bhi(s) 变成 -hi。其他的形式，bhavati 或 bhoti 和 hoti 同时存在于绝大多数，或许所有的中古印度语方言之中。它在俗语的一些晚期形式里的普遍程度，也许部分地要归因于梵文的影响。但是，在阿育王的时代之后很久，它肯定持续存在于摩揭陀语和半摩揭陀语里。据 Pischel475，bhavati 等在半摩揭陀语里是常见的；祈愿语气 bhave（单数第一人称也作 bhaveaṃ）是摩揭陀语里已知的仅有的祈愿语气，此外尚有现在时的 bhavāmi 和以 bhava- 为语干的其他形式。考虑到所有这一切，怎么可能仅仅只因为 bh- 形式在阿育王碑铭中恰巧仅见于西部（也许还要注意到与 h- 形式共存），就认为是"摩揭陀语残余"？晚期的一些摩揭陀语和半摩揭陀语证据表明，一些东部阿育王碑铭里不见 bh- 形式，只可能是一种偶然事件。

上面是比较集中的五条意见。其他提到先生之说的地方还有多处（实际上，离开了先生留德时期的论著，也很难谈混合梵语的语法），由于比较零碎，就不译出来了。至于另外一个大问题，即语尾 -aṃ 向 -o、-u 转换，Edgerton 当然也不会不知道它的重要性。他在用 §1·96 反对也包括先生在内的其他一些学者后，即以 §1·97 专门一节的篇幅与先生争论：

§1·97 季羡林在《哥廷根科学院院刊〈哲学历史学类〉》1944 年第 6 号专刊 121—144 讨论了

"中古印度语言中语尾 -aṃ 变为 -o，-u 的现象"。他认为由 -aṃ 变来的 -o、-u 是对等的，而这对于佛教混合梵文（他以为 o 在混合梵文里"几乎完全消失了"，133 页，暗指一种短暂的存在）和阿育王碑铭（Shahbazgarhi 里只有 o，没有 u）都是不正确的。他引用（136）自己当时尚未发表的一部专著（后来发表了，见 §1·24 以下），他认为在这部书里已经证明，巴利文和混合梵文经典的较古老的部分都是以用一种东部方言"古代半摩揭陀语"写成的古代经典为基础的。我在前面已经说明了我不能同意他的理由。然而，他相信，-aṃ 变成 -u 是西北部中古印度语的方言特征。他追随 Jacobi 的现在已经站不住的假设，即这个现象在东部的 Apahraṃśa 里不存在。他将其在混合梵文里的频繁出现解释为次要的，而且归因于某种西北俗语的相当晚的影响。他用来说明这个现象的惟一的明确例子是一组 50 个的例证，其中，据 KN 本《妙法莲华经》，喀什噶尔本读作 aṃ（或 a）的，KN 本和一些尼泊尔本作 u。他假设，这些例子是典型的，并且证明了《妙法莲华经》较古的本子（喀什噶尔本）一般作 aṃ 或 a, u 是后来被引入"尼泊尔本"的。他的讨论没有说服我，有几个理由。一、在他的许多例子，一些或甚至绝大多数的尼泊尔本《妙法莲华经》里，和喀什噶尔本一样，读作 a (ṃ)；由于有这样的读法，尼泊尔本不能被明确说成是支持设想出来的"次要"的 u 的。二、我们至今对《妙法莲华经》喀什噶尔本的知识还非常有限，季有限的例子并不能证明喀什噶尔本没有 aṃ 变成 u 的现象。确实，如果真是如此，可就太奇怪了。我们应该期待它和西北俗语一致,据季,这些俗语正好有 aṃ 变成 u 的现象(尽管他根据 Jacobi,错误地否认,东部的 Apabhraṃśa 也有这样的变化)。三、aṃ 变成 u 在绝大多数混合梵文经典的韵文里都是常见的,可以有比季引证的多得多的例子来证明这是一种晚期的和次要的特征。它在《大事》里确实罕见(尽管季并没有注意到)。虽然《大事》可能是我们所有的最古老的混合梵文经典,但是,它和后来的经典之间正面的和反面的形式差别,并非都能有理由将其解释成要归因于后来的经典里的次要变化的。而且,aṃ 变成 u 在《大事》里也不是完全没有。也许,在其原始形式里要普遍得多,由于某些原因,在传承过程中几乎消失了。同样的道理也适用于,比如 o 变成 u,依格的 e 变成 i,这些在我们的《大事》写本里也是罕见的。我曾经注意到,在《大事》写本和校订本里，非常多的时候可以在韵文中韵律上不可能的地方，即要求短音节的位置上读到结尾的 -aṃ。在所有这些地方，原典都读成 a 或 u，以代替 aṃ。谁也说不清究竟读成哪一个。

接下来的几节大讲所谓的"m.c."（"韵律关系"），实际上也是针对先生的理论的。Edgerton 的论证游离其词，含混模糊，自相矛盾的地方颇多，往往缺乏足够的说服力。这是读过他的书和文章的人都不难了解到的。Edgerton 虽然也很强调平行异本的重要性（见 Edgerton 书 §1·70），但是他有很重要的一个欠缺正是完全不通中文（见 Edgerton 书 §1·72）。这就使得他在研究经常是残缺不全的古代印度语佛典时，只能是独腿走路，而不能有左右逢源之助。此外，只要读一读我在第一节里从德文翻译过来的先生论文的目录和主要结论，也就足以看出，Edgerton 要驳倒先生的可能性是微乎其微的。事实也是如此，《再论原始佛教的语言问题》针锋相对地逐点进行了有力反驳。限于当时的研究条件，先生利用的主要还是留德时期收集发表了的老材料。Edgerton 对这些老材料尚未给出令先生满意的解释，因此，先生此文没有能够增添新材料倒也并不紧要。但是，先生一贯看重巨细靡遗地网罗有关材料，被迫只能用老材料维护坚持自己的观点，无论这些老材料是多么坚强有力、永恒经典，先生心中却不能不感到遗憾。

但是，包括先生在内，当时肯定谁也没有能够料到，足以弥补这个遗憾的《三论原始佛教语言》竟然要经历二十六年的漫长等待，才得以写成。

三　霜叶红于二月花

熬过了"文化大革命"的生死浩劫后，研究学术的最好年华已被残酷耗费掉了的先生，终于迎来了霜叶般的晚年。1978年，先生已近古稀，又重新开始发表论文。

虽然在前几年，印度古代语言研究的条件并没有根本性的改观，相关的课题也并没有被提上铺稿盈桌的先生的学术日程。但是，印度古代语言研究，这个先生的学术生涯发轫的领域，一直萦绕在先生心头，未曾或忘。

乍暖还寒的1978年，《〈罗摩衍那〉初探》出版了，第八章就专论语言问题。1981年发表的《梵文〈妙法莲华经〉写本〔拉丁字母转写本〕序言》（收入《季羡林文集》第七卷"佛教"）反驳了德国 H. Bechert 教授的意见，从与尼泊尔本同源的西藏本梵文《妙法莲华经》以及 Gilgit 佛典迦陀部分里选取了大量的 -aṃ 变成 -o、-u 的例子（见同上书 90—94 页），维持了自己几十年前的看法，即既然在原本以东部方言写成的《妙法莲华经》

的许多抄本里存在着这种变化，那么就说明，它在流传过程中受到了西北方言的影响。

1984年，《中世印度雅利安语二题》和《三论原始佛教的语言问题》两篇重要论文发表了。背景是四年前的1980年11月，先生率领中国社会科学代表团访问当时的西德。时隔三十五年，先生终于有机会回到了第二故乡哥廷根，见到了已是八十五岁高龄的恩师Waldschmidt教授，并受聘为哥廷根科学院《敦煌吐鲁番出土佛典的梵文词典》顾问。同时，有机会和相隔了三十几年的国外印度古代语言学界进行交流，对这个领域的新材料和新的进展情况有了了解。这两篇论文也就应运而生了。

《中世印度雅利安语二题》实际上包括两个彼此关联的问题。第一个是老问题，先生的标题是"再论中世俗语语尾 -aṃ > -o、-u 的问题"。从反面看，先生首先批驳了 E. Lamotte 在研究印度古代佛教史时对这一重要语言现象的漠视，以及 H. Bechert 在这个重要问题上自相矛盾、草率流离的态度。从正面看，先生补充了：（一）犍陀罗语《法句经》、（二）Gilgit 残卷、（三）《妙法莲华经》、（四）《佛说佛母宝德藏般若波罗蜜经》四方面的材料，再次有力地证明了自己的观点。特别重要的是，先生在此文中明确提出"利用语尾 -aṃ 转化为 -u、-o 的现象，来解释大乘佛教起源中的一些问题"的想法（见《季羡林文集》第三卷 452 页），而这正是先生此后研究的主旋律。第二个"巴利文与不定过去时"，是印度古代语言研究领域的老问题，但是，对于先生来说，却是一个新问题。印度和斯里兰卡的传统说法将巴利文视为摩揭陀语的一种，然而，巴利文却缺少一致公认的摩揭陀语的特点。长久争论的结果，似乎巴利文是一种西部方言的说法已成定论了，先生也曾经长时间持这一观点。现在，先生受到 K. R. Norman 的启发，重新思考何以几乎被确定为是西部方言的巴利文竟有那么多的属于东部方言特点的不定过去时？这个问题，在先生撰写关于不定过去时的论文时和此后，一直困扰着先生。倘若不予以解决，就会导致不定过去时究竟是否系东部方言特点的疑问，威胁到先生的有关论断。如今，先生对巴利文的看法发生了根本的改变，承认它是东部方言摩揭陀语的一种形式。这样，不定过去时是东部方言的特点这一先生一贯坚持的论断，消除了最大的障碍，获得了最大的支持。

《三论原始佛教的语言问题》是篇幅很大的长文，也是先生对看到的 1976 年在哥廷根举行的"最古佛教传承的语言"（佛教研究座谈会Ⅱ）汇集的国外新论文的总回答。此文主要涉及的问题有：一、有没有一个"原始佛典"？"原始佛典"使用什么语言？是否有个

"翻译"问题？先生对与会大多数学者否认有一个"原始佛典"的相关论据和意见夹评夹叙。二、释迦牟尼用什么语言说法？先生将这个问题一分为二：（一）佛说法是用一种语言或方言呢，还是用多种？（二）如果是一种的话，这一种又是什么？先生是不同意佛说多种语言的，并且指出晚于佛一两个世纪的阿育王就已经用古代摩揭陀语充当政府的官方语言（Hochsprache）了，因此认为佛大概是古代摩揭陀语和古代半摩揭陀语都说的。三、阿育王碑是否能显示方言划分？先生的回答是能。至于为什么西方、南方、北方的三个大石碑又使用东部方言？先生依然坚持 Lüders 等人的说法，先有一个用东部方言，具体说就是古代摩揭陀语或古代半摩揭陀语写成的底本，再程度不同地译成当地语言。四、《毗尼母经》等经中讲的是诵读方法（音调），还是方言的不同？先生对这个老问题的回答很明确，讲的是语言问题而不是颂经的音调。五、先生又分六点谈了自己的看法。（一）什么叫"原始佛典"？先生同意的说法："从现在的情况来看，更谨慎的做法是，把'原始佛典'理解为只不过是一些有潜在能力称为经典（也就是有权威的）的韵文和散文作品，而不使用这个可能暗示经典已经写定或编定的名词。"（二）耆那教经典给我们的启示，耆那教明确说，它的一派白衣派的经典用古代半摩揭陀语写成。先生将此启示转化成一个问题："佛教和耆那教真可以说是难兄难弟。但是为什么耆那教能有一个原始经典（虽然纂成时间稍晚），能有一个原始经典的语言，而佛教却偏偏不行呢？"（三）摩揭陀语残余的问题，先生认为这已经是不容抹煞的了。（四）所谓"新方法"，先生认为相当一部分与会者的方法并不新。（五）关于不能用"翻译"这个词儿的问题，先生认为，对德国一般老百姓来说，übersetzen 和 übertragen

的字义区别实在是微乎其微，与本课题没有什么关系。（六）汉译律中一些有关语言的资料。先生在此是真正将金针度于人了，开启了一个巨大的资料宝库。

同年发表的还有《〈原始佛教的语言问题〉自序》，先生此文清楚地表明："我研究佛教梵语几十年以来，不管成绩大小，环境如何，有一个指导思想始终没有放弃，这就是，除了找出语言发展的规律性东西以外，我希望把对佛教梵语的研究同印度佛教史的研究结合起来。……我相信，许多印度佛教史上的问题，可以通过佛教梵语的研究而得到解决。除此之外，研究了佛教梵语的发展规律，对印度语言发展史的研究，也会有很大的帮助，这是不言而喻的。"（见《季羡林文集》第三卷512—513页）这是极其重要的夫子自道了。在先生的晚年，学术研究的课题不仅没有减少，反而急剧增加。但是，只要场合合适，先生都不会将印度古代语言问题置诸脑后。1985年，先生为《印度古代文学史》撰写了"《罗摩衍那》"一章，其中第五节又是"语言和诗律"。

1986年，完美地体现了先生夫子自道的长篇论文《论梵文本〈圣胜慧到彼岸功德宝集偈〉》发表了。由于这篇文章对于佛教研究也具有重要的价值，或许还有其他方面的考虑，因此被收入《季羡林文集》第七卷"佛教"216—269页。此文原来没有明确归纳出可以一目了然的章节，后来先生自己做了这个工作（见《学海泛槎》181页）：

一、般若部的一般情况

二、梵汉对比研究

三、《般若经》起源地的问题

四、梵本《圣胜慧到彼岸功德宝集偈》的语法特点

（一）《宝德藏》中没有东部方言的特点

（二）《宝德藏》中有西北部方言的特点

（三）在 -aṃ > -o, u 中 -o 和 -u 是否相等（equivalent）

五、《宝德藏》的起源地问题

六、《宝德藏》的产生时间问题

七、《宝德藏》的起源与大乘的起源问题

先生自己罕见地对此文做了简单明了的说明（见同上书 181—185 页），我就据此加以抽绎。至于"四"，先生仍是坚持自己的观点，具体针对的则是日本学者汤山明研究《宝德藏》的专著；其下之"（三）"回答的是 Edgerton 近似无理取闹的纠缠，他无视梵语语法里关于简单元音、二合元音的规定，认为"o 和 u 不相等"，先生则证明，o 和 u 是一个历史发展问题，用一个简单的表表示就是：

  阿育王碑　o

  佉卢文碑　o

  佉卢文《法句经》　o　u

  佉卢文尼雅俗语　o　u

  佛教混合梵语　u（极个别的 o）

在此文中，先生还就十分复杂的大乘起源问题发表了意见：将大乘起源分为原始大乘和古典大乘；大乘起源有内部、外部两种影响；原始大乘思想和小乘一样，萌芽于东天竺；原始大乘思想的萌芽可以追溯到公元前 2 世纪。先生还谨慎地提出，如果般若部是初期大乘的象征这个说法可以成立，那么就可以说大乘佛教萌芽于东天竺了。

1990年在先生印度古代语言研究方面是成果惊人丰富的一年，我将在德国留学期间购藏的 R. E. Emmerick 教授的有关图木舒克语的专著（*The Tumshuqese Karmavācanā Text*, Abhandlungen der Geistes- und Sozialwissenschaftlichen Klasse, Jahrgang 1985, Nr. 2, Akademie der Wissenschaften und der Literatur. Mainz，先生《学海泛槎》238页作"《于阗文与图木舒克文》"，当凭回忆）呈交先生，先生从中发现了不少 -aṃ > -o,-u 的现象，而且覆盖率极大，名词、代词、数词、动词都有，于是撰写了《新疆古代民族语言中语尾 -aṃ > -u 的现象》这篇重要论文。其重要性至少体现在两个方面：一、证明了这种现象是晚出的，而且都发生在从印度西北部至中国新疆的广大地区；二、用先生自己的话说，"至于一些学者坚持抓住不放的 m.c.（由于韵律的关系）的理论，拿来应用到于阗文和图木舒克文上，简直是荒唐可笑了。"（同上书238页）至此，Edgerton等屡屡祭起的秘密武器m.c.也最终失去了用武之地。

然而，先生的印度古代语言研究的步伐并没有稍缓，同年先生发表了《玄奘〈大唐西域记〉中"47音"问题》（收入《季羡林文集》第七卷"佛教"），彻底解决了校订《大唐西域记》时遗留下来的难题，指明所谓"47音"并不是梵文14个元音加33个辅音，而是：

元音12个：a ā i ī u ū e ai o au aṃ aḥ

辅音35个：

喉音　k　kh　g　gh　ṅ

腭音　c　ch　j　jh　ñ

舌音　ṭ　ṭh　ḍ　ḍh　ṇ

齿音　t　th　d　dh　n

唇音　p　ph　b　bh　m

遍口音（超声）10个：y　r　l　v　s　ś　ṣ　h llaṃ　kṣa

同年，先生还发表了《梵语佛典及汉译佛典中四流音 ṛṝḷḹ 问题》（收入同上书同卷），先生自己对这篇论文非常满意，称"这是一篇异常重要的论文"（见《学海泛槎》247页）。此文固然主要探讨的是悉昙方面的问题，但是，也考察了四流音在印度的产生和演变，对印度语言的研究也有重大的贡献。

1993年发表的《所谓"中天音旨"》，原本是上面这篇论文计划中的一章，对开辟中天竺语发音特点、四流音在中天的地位及其发音特点等新课题，具有十分重要的学术意义，绝不仅仅是悉昙研究的简单延续而已。

四　简单的说明

这篇文章的章节在篇幅上是不相称的。首先，它和先生印度古代语言研究的成就不相称；其次，本身各节的篇幅也不相称。后者是一种考虑的结果。先生多次感叹，留德期间的学术研究高潮，后来再也没有能够出现过。事实上，先生在印度古代语言研究领域的主要观点也是在留德期间发表的，尽管此后，尤其是到了先生晚年，屡有新的创作，但主要还是进一步证明这些观点，并为之添加更新的证据。这是无可否认的实际情况，因此，有关留德期间的内容占据了大部分篇幅，也是自然的。此外，先生在《学海泛槎》（62页）谈到自己用德文发表的论文时幽默地说道："可惜由于原文是德文，在国内，甚至我的学生和同行，读过那几篇论文的，为数甚少。介绍我的所谓'学术成就'的人，也大多不谈。说句老实话,我真感到多少有点遗憾,有点寂寞。"那么,就让我这个远在千里之外的不成材的,却又深受师恩的学生为先生多少减去一些遗憾和寂寞吧。于是,评述先生德文论文的那一部分自然地就特别长了。

季羡林与吐火罗文研究

///eş tmiş mem kaś yärm mā naṣ

"He gives, of that there is no measure nor number."

——"Maitreyasamiti-Nāṭaka"YQ1.29 1/2［recto］3

"吐火罗文",这门连名字至今都未必可以算是确定了的稀奇古怪的语言,它的发现和解读、研究是20世纪学术史上的一件大事。两位德国的天才学者Sieg和Siegling,根据吐火罗文的数词、亲属名称、家畜名称和人体各部分的名称同印欧语系其他语言完全对应这一事实,首先确定它属于印欧语系。从地理位置来看,既然吐火罗文残卷仅在中国西域有所出土,那么,它似乎应该属于印欧语系的东支;但是,令人惊讶的是,它表示数字"100"的字,在它的A方言里作kānt,B方言里作kante,都等于拉丁语的centum。再加上此外还有其他一些语言特点也都指明,它又应该属于印欧语系的西支，即相对于东支的"satam"语言的西支"centum"语言。这就给语言学家、历史学家、人类学家出了一道真正的"世纪难题"。由此还引发出众多的其他难题，其中最受关注的无疑是印欧语系原始部落起源地的问题。吐火罗文的发现、解读给这个本来就众说纷纭的老问题之火加上了一勺新油：印欧语系原始部落起源于亚洲的老说法，似乎得到了某种有力的支持。当然，问题远非如此简单。

对于这门在地理位置上离我们很近，而在语言系属上却又离我们很远的语言，以及由此引发的其他问题，我国学者早就有所关注了。王国维在名文《最近二三十年中中国新发见之学问》（见《王国维遗书》，上海古籍书店，1983，所收《静庵文集续编》）里写道：

及光绪之季，英、法、德、俄四国探险队入

新疆，所得外族文字写本尤夥。其中除梵文、佉卢文、回鹘文外，更有三种不可识之文字。旋发见，其一种为粟特文，而他二种则西人假名之曰第一言语、第二言语。后亦渐知为吐火罗语及东伊兰语。此正与玄奘《西域记》所记三种语言相合。粟特语即玄奘之所谓窣利，吐火罗即玄奘之睹货逻。其东伊兰语则其所谓葱岭以东诸国语也。当时粟特、吐火罗人多出入于我新疆，故今日犹有其遗物。惜我国尚未有研究此种古代语者，而欲研究之，势不可不求之英、法、德诸国。

陈寅恪（有相关笔记留存，具体可参见先生的《从学习笔记本看陈寅恪先生的治学范围和途径》，收入《季羡林文集》第六卷"中国文化与东方文化"，272—285页）、王国维等已经相当清醒地意识到，新疆吐火罗文残卷的发现具有重要意义。吐火罗文残卷的出土数量虽然不大，但是已经足以冲击比较语言学、新疆古代民族史、佛教在中亚的传播史、佛教入华史等等领域中的既有陈说了。同时，他们也清醒地认识到，中国学术界已经处于落后的地位了，所以慨言"而欲研究之，势不可不求之英、法、德诸国"。

幸运的是，作为陈寅恪先生学生的季羡林先生终于在德国学会了这门语言，并且做出了重大的贡献。遗憾，或者毋宁说不幸的是，虽然也有屈指可数的几位中国学者利用相关的吐火罗文解读、研究成果，在某些领域里取得了令人瞩目的创获，但是，从发现吐火罗文至今差不多一个世纪，在拥有十几亿人口的中国，在将吐火罗文研究视做解决其他相邻问题的手段的同时，而又能够从语言学，特别是比较语言学出发，将吐火罗语言本身作为研究目的的，却仍然只有先生一人而已。换句话说，多少年来，先生独自支撑着吐火罗文残卷的出土地——中国在该领域的学术地位。这个事实，不能不令后来者为之汗颜。

一 吐火罗文研究的学术谱系

劫后幸存的"学习本"（见《学海泛槎》，山西人民出版社，2000，21—26页）不见有关先生研习吐火罗文的记载。实际的情况是，第二次世界大战爆发后不久，先生的博士导师 Waldschmidt 教授就被征从军了，原本已经退休了的 Sieg 教授以垂暮之年，重新出山，代替 Waldschmidt 教授上课。其时，先生已经基本修完了必需的课程，正在集中精力撰写难度很高的博士论文，本来并没有从事吐火罗文研究的打算（见《学海泛槎》，39—40页）。而 Sieg 教授却在第一次上课时就对先生郑重宣布，要将自己毕生最擅长的学问，即《梨俱吠陀》、

《大疏》、《十王子传》、吐火罗文，毫无保留地全部传授给先生（见《留德十年》，《季羡林文集》第二卷"散文"，461 页以下）。这也是中国学术的幸运，先生不顾种种困难，还是毅然投身于一个崭新的、难度极高的研究领域了。

Sieg 教授所讲的四门绝学，前三种是见于"学习本"的，可见是列入哥廷根大学的正式课程之中的；吐火罗文则不是，是 Sieg 教授额外开设的。当时从学的只有先生和比利时的赫梯文专家 Walter Couvreur。具体的研习情况，见于先生所著《学海泛槎》《留德十年》的有关章节。

需要着重指出的是，吐火罗文的初步解读成功，是以 E. Sieg、W. Siegling 于 1921 年出版的《吐火罗文残卷》（*Tocharische Sprachreste*, Walter De Gruyter & CO., Berlin und Leipzig, 1921）为标志的；而吐火罗文几乎完

全解读成功的标志则是 E. Sieg、W. Siegling、W. Schulze 合作的巨著《吐火罗文文法》(*Tochrische Grammatik*, Göttingen, 1931)。说"几乎完全",是因为迄今为止在吐火罗文里还有一些字词的语义无法确定,一些语法形式也有待进一步解释。但是,无论如何,Sieg 都是成功解读吐火罗文的首代功臣。因此,先生在吐火罗文研究的学术谱系中属于直接受业于解读者的第二代。

这一点之所以特别重要,与庸俗的论资排辈毫无关系。先生曾经回忆道:

> 我们用的课本就是我在上面提到的 Sieg 和 Siegling 的《吐火罗文残卷》拉丁字母转写本。如果有需要也可对一下吐火罗文残卷的原本的影印本。婆罗米字母老师并不教,全由我们自己摸索学习。语法当时只有一本,就是三位德国大师著

的那一本厚厚的《吐火罗文文法》。这些就是我们这两个学生的全部"学习资料"。老师对语法只字不讲,一开头就念原文。首先念的是《吐火罗文残卷》中的前几张。我在这里补充说一个情况。吐火罗文残卷在新疆出土时,每一张的一头都有被焚烧的痕迹。焚烧的面积有大有小,但是没有一张是完整的。我后来发现,甚至没有一行是完整的。读这样真正"残"的残卷,其困难概可想见。Sieg 的教法是,先读比较完整的那几张。Sieg 屡屡把这几张称之为 Prachtstücke(漂亮的几张)。这几张的内容大体是清楚的,个别地方和个别字含义模糊。从一开始,主要是由老师讲。我们即使想备课,也无从备起。当然,我们学生也绝不轻松,我们要翻文法,学习婆罗米字母。这一部文法绝不是为初学者准备的,简直像是一片原始森林，我们一走进去，立即迷失方向，不辨天日。老师讲过课文以后，我们要跟踪查找文法和词汇表。由于原卷残破，中间空白的地方很多。老师根据上下文或诗歌的韵律加以补充。(《学海泛槎》，40—41页)

这种方法表面上看和当时德国一般的教外语的方式，特别是讲授古代语言的方式，没有什么两样，比如教梵文就是这样。(见《学海泛槎》，33页)事实也的确是这样。然而，吐火罗文毕竟不是各方面已经被详细研究过了的、原本没有失传过的、语法已经被用近代西方学术语言再次规律化了的梵文。学习梵文就是学习一门古代语言，而以上述的方式学习吐火罗文就绝不仅仅是学习一门古代语言那么简单了，其实乃是在重复一遍破译解读的过程。可以说学习梵文的人，本身是一个学生；而学习，尤其是在当时的条件下学习吐火罗文的人，本身还多少必须是一个解读者。先生在吐火罗文研究的学术谱系中的地位，决定了他面前还没有很长的研究史可资借鉴，但可以直接亲炙于破译解读者本人，尽可能地接近吐火罗文被解读前的原始状态，亲身体验在依傍很少的情况下释读残卷的甘苦，从根本上培养起至关重要的独立解读的学术功力。用先生自己的话来说：

> 这一套办法，在我后来解读吐火罗文 A《弥勒会见记剧本》时，完全使用上了。这是我从 Sieg 老师那里学来的本领之一。这一套看来并不希奇的本领，在实践中却有极大的用处。没有这一套本领，读残卷是有极大困难的。(《学海泛槎》，41 页)

上面的夫子自道清楚地说明，在停顿了近四十年，也和相关学界隔离了近四十年之后,已届古稀之年的先生能够迅速承担起释读新疆出土的吐火罗文 A《弥勒会见记剧本》的艰巨任务,至少在技术上凭借的正是吐火罗文的破译者 Sieg 教授亲授的方法。

二 两个偶然和三个阶段

我以为,用"两个偶然和三个阶段"的说法可以比较概括地说明先生吐火罗文研究的历程。先说"三个阶段",这是先生自己的总结。先生认为,自己在将近六十年中学习和研究吐火罗文的历史过程,大约可以分为三个阶段:一、在德国哥廷根的学习阶段,这个我在上面已经有所论述了。二、回国后长达三十多年的藕断丝连的阶段。1946 年回国后,先生手头只有从德国带回来的一点资料,加上大环境的恶化,所以出现了这个尴尬的阶段。三、80 年代初接受委托从事在新疆焉耆新发现的

新疆出土吐火罗语《弥勒会见记剧本》

《弥勒会见记剧本》（缩写为 MSN）的解读和翻译工作的阶段，其成果是一部世界上规模首屈一指的吐火罗文作品的研究、考释和英译。（见《学海泛槎》，297 页）

"两个偶然"则是我斗胆而为的。我想说的是，假如没有第二次世界大战，假如 Waldschmidt 教授没有被征从军，假如接替他的不是 Sieg 教授，假如早已退休可享清福的 Sieg 教授不是以学术为天下之公器，而哪怕有一点点私密或躲懒之心，那么，我想来自吐火罗文残卷出土地的中国学者未必会有机会亲炙于解读者，也就未必能学会这门古语而且更重要的是还掌握了破译法门。这大概不能不说是一个偶然了。第二个偶然是，假如《弥勒会见记剧本》没有在 1975 年出土，或者没有在我国境内的新疆出土；或者，假如新疆博物馆李遇春馆长像一直就有而眼下更甚的某些人那样，手握珍贵资料，不管自己有无释读的条件，秘而不宣，暗度陈仓为自己谋求出国等等的各种好处，而不是一本学术大公之心；再或者，假如当时（八十年代初）身兼数十要职、杂务猬集、已年过七旬身名俱泰、面前还有大量既定的学术研究课题的先生，不是将学术放在无上的位置慨然接受这个难度奇大的课题的话，先生的吐火罗文研究也只会以遗憾而告终，绝不可能有这样的欣慰之言："我六十年来的吐火罗文的学习和研究工作，也就可以说是划上了一个完美的句号了。"（《学海泛槎》，297页）

总之，公认为是中国学者在该领域里的最佳甚至惟一代表的先生，在吐火罗文研究领域里的贡献与地位，不能不讲是个人能力和时代机遇、偶然与必然的巧妙契合的结果。

这些结果就体现为《季羡林文集》第十一卷"吐火罗文《弥勒会见记》译释"、《季羡林文集》第十二卷"吐火罗文研究"，以及由于文章的侧重面或牵涉面等等的关系收入在《季羡林文集》第三卷"印度古代语言"中的德文论文"Parallelversionen zur tocharischen Rezension des Puṇyavanta-Jātaka"(《吐火罗文本的〈佛说福力太子因缘经〉诸异本》),收入《季羡林文集》第四卷"中印文化关系"中的《吐火罗语的发现与考释及其在中印文化交流中的作用》,收入《季羡林文集》第七卷"佛教"中的《浮屠与佛》,收入《季羡林文集》第八卷"比较文学和民间文学"中的《新疆与比较文学的研究》《吐火罗文A(焉耆文)〈弥勒会见记剧本〉与中国戏剧发展之关系》等文章。从发表的时间来看,第一、二两阶段甚少,总数不超过五篇,有的还相当短,有的还仅是与吐火罗研究有关;主要的成果集中出现在80年代以后。

三 吐火罗文研究的成名作

德国大学的规定是,博士论文必须正式出版。由于战争的原因，这个规定是无法付诸实行的。先生研究混合梵语佛典《大事》的博士论文也只能以打印本形式呈缴哥廷根大学文学院，以及在学术界流通了。四十年以后，才原样收入《印度古代语言论集》，得以正式出版。因此，从发表的时间上看，《吐火罗文本的〈佛说福力太子因缘经〉诸异本》就成了先生第一种正式面世的学术论著了。

关于这篇重要论文的写作背景，先生在晚年有非常翔实的回忆。已经完成博士论文的先生，正在师从 Sieg 教授研读吐火罗文，第一篇读的正是《佛说福力太子因缘经》。这部经有许多其他语言的异本，比如梵文、于阗文、藏文。《大事》里就有这个故事，先生对《大事》当然是烂熟于心的。当时，先生正以翻看汉译《大藏经》为日课，发现其中有几种汉译的异本，有的整个故事相同，有的下属的小故事相同。在 Sieg 教授的鼓励下，先生选择了混合梵文本《大事》《生经·佛说国王五人经》《佛说福力太子因缘经》《大智度论》《大方便佛报恩经》《长阿含经》《根本说一切有部毗奈耶药事》等与吐火罗文本最为接近的几种异本为重点考察的对象，将它们译成德文（参见《季羡林文集》第三卷"印度古代语言"，149页），同时还参照了其他大量的梵文、巴利文、汉文佛典，加上了详细的注释，以与尽管是堪称"Prachtstücke"（Sieg教授用以夸赞完整程度还算差强人意的残卷）实则残缺已然非常严重的吐火罗文本对勘。先生对汉译佛典的熟悉程度，当然不是西方学者可以比肩的。吐火罗文本里一些原来不认识的字，现在有了汉译异本可资参照互勘，就立即可以释读了。

比如，利用《大智度论》：TS（《吐火罗文残卷》）No. 1a5 sāmudraṃ kārṣ ñemi ṣimp rankā，原来不知何意，Gr.（《吐火罗文文法》）§84把praṇk解释为"矿"；据

《大智度论》，知其确切含义是"船去如驼，到众宝渚"。TS No. 1a6 sārthā jambudvipacä pe yāmuraṣ，原稿残缺，不详何意；据《大智度论》，当是"是时众贾白菩萨言：'大德！为我咒愿，令得安稳。'于是辞去。"TS No.1 b1 lyom，原来不知字义，据《大智度论》，当即"泥"。（此字先生在《吐火罗语研究导论·五 研究要点 确定要点的原则》中遗漏，据《季羡林文集》第三卷"印度古代语言"，196页注20补。——文忠按）TS No. 1b3 stwar wäknā ārṣlāṣ lo rarkuñcäs iṣaṇaṣ kcäk，原来不知其意，Gr. §83 释 ārṣal 为"毒虫"；据《大智度论》，"有七重堑，堑中皆满毒蛇"，则 ārṣal 当是"堑"。TS No. 1b3 stwar wäknā spe- 下缺，b4 saklumtsäsyo sopis 过残，不知所云；据《大智度论》当是"过是华已，应有一七宝城，纯以黄金而为却敌，白银以为楼橹，以赤珊瑚为其障板，阵渠、玛瑙杂厕间错，真珠罗网而覆其上。"（见

《季羡林文集》第十二卷"吐火罗文研究"，115 页以下）

又如利用《长阿含经·小缘经》：TS No.2a3:kyalte nes wrasassi sne wāwleṣu sne psäl klu swātsi ṣeṣ, Gr. §9 收入 psäl，但未做解释。wāwleṣu 的字根是 wles（"制造"），wāwleṣu 系过去分词。整句意思不明。据汉译异本，知其对应句为"自然粳米，无有糠糩"。sne wāwlesu 即"自然"，klu 即"粳米"，sne psäl 即"无有糠糩"。

再如利用《根本说一切有部毗奈耶药事》：TS No.8b1: kạk elā, elā 在 Gr. §389 无解释。先生在这篇论文里将与此相关的一段译成"Dann trat er hinter den Türflugel, verbag sich und wartete"，Sieg 后来在《吐火罗文德译之一》（"Übersetzungen aus dem Tocharischen I"，Abhandlungen der Preussischen Akademie der Wissenschaften, Phil. -hist. Klasse, Nr.16,1943）中没有注意先生的关键词"verbag sich"，而是译成"ging hinter den Türflügen"

("走到门扇后面去"。先生以为 Sieg 翻译此句的时间为 1944 年，见《季羡林文集》第十二卷，118 页，似不确。——文忠按）这个字字义的最后解决，还要等到四十年之后，我在下面再予以介绍。

当时中德两国语文学界的精神都是"发明一个字的字义，等于发现一颗新的行星"（大意，胡适之也曾有此语）。先生的一篇论文，而且还是正式发表的第一篇论文，就解决或接近解决了如此之多的字的字义，贡献真可谓大矣！然而，这篇文章的意义还不限于此，在方法论层面上，它首次大规模地将汉译异本引入吐火罗文研究，不能不说是开风气之举。Sieg 教授初步听了先生的发现后，"这一位已届垂暮之年的老教授，其心中狂喜的程度概可想见了。他立即敦促我把找到的资料写成文章"。（见《学海泛槎》，51 页）于是，在 Sieg 教授的推荐之下，1943 年，此文发表于在国际东方学界具有崇高威望的《德国东方学会会刊》(*Zeitschrift der Deutschen Morgenländischen Gesellschaft*)第 97 卷第 2 册。

这是一个多么辉煌的开端。

四　不仅仅是藕断丝连

随着先生的回国，以及对赴剑桥大学任教机会的放弃，在天翻地覆的巨变之下，先生由于种种原因的限制，当然不可能再在德国哥廷根大学这样的条件下，在 Sieg 教授这样的吐火罗文大师的指导下，再以成名作所呈现出来的已经成熟的方法，继续从事吐火罗文研究了。但是，已经留下了中国人足迹的吐火罗文研究这个奇妙的学术前沿毕竟是难以骤然忘怀的。大概，这就是先生用"藕断丝连"来形容回国后长达三十多年的这个阶段的原因。

然而，如果从学术史的角度来看，问题就并不那么简单了。从1946年回国，到1978年，在这漫长的三十二年里，先生写了不少文章，假如要和留德期间所发表者相比，先生心中真正感到满意的恐怕不会太多。尽管如此，《浮屠与佛》（1947）、《论梵文 ṭ、ḍ 的音译》（1948）、《列子与佛典》（1949）、《三国魏晋南北朝正史与印度传说》（1949）、《吐火罗语的发现与考释及其在中印文化交流中的作用》（1955）以及两篇论原始佛教语言问题的论文，无论放在先生的学术史的哪个阶段，也都是佳构杰作。而在这些论文中，有相当一部分和吐火罗文研究有关。下面依次加以论述。

促动先生撰写《浮屠与佛》（收入《季羡林文集》第七卷"佛教"）的，是胡适和陈垣关于"浮屠"和"佛"字谁先谁后的激烈争论。但是，先生的切入点或者说所凭借的技术手段首先是对吐火罗文研究领域的了解。正是由于先生知道，与梵文 Buddha 对应的字在中亚各种语言里有不同的形态，特别是，在吐火罗文 A 作 ptāñkät（pättāñkät 一个更重要的形态），吐火罗文 B 作 pūdnäkte（还有 pudñikte, pudñäkte 等形态）。根据吐火罗文构词法，可以将附加部分剥离，剩下的与 Buddha 对应的字分别是吐火罗文 A 的 ptā 或 pät，吐火罗文 B 的 pūd 或 pud。这样，先生就有力地指出"浮屠"和"佛"不是一个拉长或缩短的问题，而是来源不同。当时，由于资料有限，没有能够圆满地解释 p 和"浮"、"佛"古音的对等问题，但是，用传统的常规手段无法解决的这个难题已经被先生引入的吐火罗文刺开了一个大口子，研究思路得到了绝大的拓展。终于，四十二年以后的 1989 年，先生根据新获得的大量资料，发表了《再谈"浮屠"与"佛"》（收入《季羡林文集》第七卷），干净利落地了结了这个问题。

《列子与佛典》（收入《季羡林文集》第六卷"中国文化与东方文化"）照理与吐火罗文研究毫无关系，然而，先生还是在有关《生经》处的注 12 里引用了自己用德文发表的那篇吐火罗文专论。

《三国魏晋南北朝正史与印度传说》（收入《季羡林文集》第八卷"比较文学与民间文学"，英文本则收为该卷倒数第二篇）虽然主要引用的是汉译佛经和不多的梵文、巴利文佛典，但是，在说明"三十二相之次第因佛教宗派之不同而异"时，还是注引了当年的同学 W. Couvreur 的吐火罗文研究论著（*Le caractère sarvāstivadin-vaibhāṣika des fragments tochariens A d'après les marques et épithètes du Bouddha, Muséon*, tome LIX 1-4）。这篇文章更是时隔三十三年后的 1982 年的《吐火罗语 A 中的三十二相》的先声。

关于《吐火罗语的发现与考释及其在中印文化交

流中的作用》，先生自己的评价是："勉强可以算作一篇学术论文，因为并没有费多少力量，不过撷拾旧文，加以拼凑，勉成一篇而已。"（《学海泛槎》，99页）这段话说明先生对"学术论文"悬的之高。先生一贯强调，"没有新意，不要写文章"（同上书，311页）。但这篇文章确实是有新意的，不仅是"勉强"而已。从宽泛的意义上说，它指出，佛教初入中国时，佛典大都以中亚某一种"胡"语为中介，根据资料来看，以吐火罗文为最多。这就将尚未得到重视的吐火罗文的意义凸现了出来。从窄深的意义上说，它用丰富的资料证明，"恒（河）"来自于吐火罗文 A 的 gaṇk、吐火罗文 B 的 gaṇk 或 gaṇ，"须弥"则来自吐火罗文（A、B 同）的 sumer。这些都不能说是不重要的。事实上，先生当时已经掌握了大量有关的论据，上述两字仅仅只是举例。

由上可见，"藕断丝连"如果不是先生的自谦之辞的话，那么，只能说明，先生本人对吐火罗文研究在这三十二年（其实主要是前十年，即 1946 至 1956 年）里所占的分量做了过低的估计。

五　完美却未必是句号

1978 年是再生的一年，是复苏的一年，是给我将近耄耋之年带来了巨大希望的一年。在这之前，我早已放弃了学术研究的念头。然而，我却像做了一场噩梦突然醒来一般，眼前是'柳暗花明又一村'。(《学海泛槎》，115 页)

起初，先生并没有恢复吐火罗文研究的打算，其诱因是李遇春馆长亲自携来的 1975 年在新疆焉耆出土的吐火罗文《弥勒会见记剧本》残卷。先生就像在当初决定是否要学吐火罗文时那样，没有经过太多的犹豫，接受了释读、研究的艰巨任务。随着对《弥勒会见记剧本》的释读、研究的推进，先生在延续了利用平行异本释读、确定残卷某些字义和语法形式，探索某些汉译字词和吐火罗文的关系等行之有效的传统研究方法以外，更将视野扩展到了中外古代戏剧关系等新领域。同时，还发表了多篇堪称"精品"的"副产品"。

我们还是先来看看"副产品"。1981年，先生发表了《新疆与比较文学的研究》（收入《季羡林文集》第八卷"比较文学与民间文学"），指出新疆是全世界惟一的四大文化体系——中国文化体系、印度文化体系、阿拉伯穆斯林文化体系、西方文化体系——汇流的地方，因而有着丰富的比较文学的资料。先生在此文中举的惟一一个例子，就是吐火罗文 A 的"木师与画师的故事"（这个主题先生在1947年就已经关注了，见《学海泛槎》 81页。先生曾在1947年5月24日写成，并于1947年5月30日天津《大公报》"文史周刊"第30期发表《木师与画师的故事》，不知何故《文集》失收），而且，为了说明新疆特有的平行异本多的优势，先生再次展示了使用平行异本确定字义的方法。

次年，先生称之为"重头的论文"（《学海泛槎》，130页）发表。在整理《弥勒会见记剧本》的过程中，先生偶尔发现其中多处有关于三十二相的记载。先生的兴趣自然不在于这些"相"，而在于吐火罗文本身。利用新博本的材料，加上既有的Sieg和Siegling的研究成果，就可以整理出一个比较完整的吐火罗文三十二相表，再凭借对汉译佛典、梵文佛典中相关部分的参照，从而有助于确定一些字的含义。先生最为满意的是达到了对ela的确诂。前面曾经提到过，Sieg教授不知何以忽略了先生德译的关键词，在翻译这个字时留下了遗憾。以后，Wolfgang Krause 和 Werner Thomas 合著的《吐火罗文基础读本》(*Tocharisches Elementarbuch*, Carl Winter·Universitätsverlag, Heidelberg, Band I: 1960, Band II: 1964) 将 elā 译成 hinaus（出去）。现在，这个 ela 又出现在三十二相里，先生彻底证明了它相当于梵文的 guhya、巴利文的 guyha，确切意思是"隐藏起来"。

同年写成的还有《说出家》（写成于 1982 年 4 月 20 日，发表于《出土文献研究》，文物出版社，1985 年 6 月；又收入《佛教与中印文化交流》。不知何故，亦为《文集》失收）。这是一篇非常有趣的专业论文，在梵文佛经里，没有"出家"这个词，只有"出走"。但是，吐火罗文里却有"家"字。那么，是吐火罗文影响了汉文，还是汉文影响了吐火罗文？先生证明，后者是正确的说法，由此展现了文化交流丰富多彩的面相。同年还写有介绍性的《谈新疆博物馆吐火罗文 A〈弥勒会见记剧本〉》(1982年6月24日写就,后发表于《文物》1983年第1期,《文集》亦失收)。

1984年,先生写成了《〈罗摩衍那〉在中国》(和英译文一起收入《季羡林文集》第八卷"比较文学与民间文学"),其中专节介绍了《吐火罗文残卷》(10—11)所收《佛说福力太子因缘经》中木师与画师的一段有关罗摩故事的对话。同年,先生还为《中国大百科全书》语言文字卷撰写了"吐火罗语"词条(发表时间为1988年,《文集》失收)。

长文《关于吐火罗文〈弥勒会见记〉》写成于1988年(原刊于知识分子文丛之一《现代社会与知识分子》,《文集》失收)。这是一篇在先生的吐火罗文研究史上具有特殊意义的论文,它标志着中外戏剧关系成为先生非常注意的一个课题。先生自己所做的归纳是:"这篇文章颇长,讲了下列几个问题:一、吐火罗文剧本的情况;

二、印度戏剧的发展；三、印度戏剧在中国新疆的传播；四、印度戏剧和希腊戏剧的关系；五、中国戏剧发展的情况；六、吐火罗文剧本与中国内地戏剧发展的关系。"先生还比较了中印戏剧的特点："（1）韵文和散文杂糅，二者同；（2）梵文、俗语杂糅，中国有，但不明显；（3）剧中各幕时间、地点任意变换，二者同；（4）有丑角，二者同；（5）印剧有开场献诗，中国有跳加官；（6）大团圆，二者同；（7）舞台形式不同；（8）歌舞结合，同。"（见《学海泛槎》，218页。）紧接着，先生又撰写了《吐火罗文A（焉耆文）〈弥勒会见记剧本〉与中国戏剧发展之关系》（收入《季羡林文集》第八卷"比较文学与民间文学"）。这篇论文详尽独特，考察的问题是一般不为人们所注意的：如《弥勒会见记》吐火罗文本和回鹘文本的异同，印度戏剧的来源及其和木偶戏的关系，从梵文 yavanikā（"幕"，原意是"希腊的"）看与希腊的关系，中国戏剧的起源。最后，先生再次对比了中印戏剧的异同，基本和上文相同。

将先生吐火罗文研究的看家本领展示得淋漓尽致的《梅呾利耶与弥勒》（收入《季羡林文集》第十二卷"吐火罗文研究"，《学海泛槎》230页作"《梅特利耶》"，不确）发表于1990年。在汉译佛典中一直有"弥勒"和"梅呾利耶"两个形式。先生入手的思路一如《浮屠与佛》，但是，处理过程更为复杂精细。与梵文Maitreya、巴利文Metteya对应的字，吐火罗文A作Maitreya，吐火罗文B作Maitreyee，A、B里又有Metrak的形态。一般都认为，后者是从前者变来的。先生提出"Metrak是独立发展成的吗？"这样一个别出心裁的问题，然后根据吐火罗文-ik构词法，判定Metrak、Maitrak与梵文Maitreya无关，是由梵文的Maitri（"慈爱"）加上词尾-ik演变而成的。因此，这才是汉文最早的意译"慈氏"的真正来源。先生排比了大量汉译佛典资料，归纳为：1."弥勒"和"慈氏"同时出现于最早时期，即后汉、三国时期，"梅呾利耶"等出现较晚；2. 在最早时期，同一译者，即使在同一部佛经中，随意使用"弥勒"和"慈氏"；3. 历史上，"弥勒"和"慈氏"并行不悖。先生从中得出的正是自己一贯坚持的结论："最早的汉译佛典的原本不是梵文或巴利文，其中可能有少数的犍陀罗文，而主要是中亚古代语言（包括新疆），吐火罗文恐怕最有可能。"（见《季羡林文集》第十二卷，242页）

同年，先生还写成《吐火罗文和回鹘文本〈弥勒会见记〉性质浅议》（发表于《北京大学学报》1991年第2期，《文集》失收），解答了一些重要问题，指出此书是编译；基本上是属于小乘的佛典，但是已有大乘思想的萌芽；印度戏剧的重要特征乃是朗诵和表演的结合。

上面我们说过，这些还仅仅是"副产品"。下面要评述的，正是两部重头著作。一部是1993年在台湾出版的《吐火罗语研究导论》（收入《季羡林文集》第十二卷"吐火罗文研究"），这是一部带有工具书性质的，全面回顾总结吐火罗文研究的重要论著。内容包括：一、绪论 吐火罗语发现的经过；二、资料概叙；三、资料特色；四、资料价值；五、研究重点确定要点的原则。其中第五部分尤其重要，是先生几十年研究心得的提炼，是度后人的金针。下面分述：（1）确定残卷的内容，特别是一些单词的含义（举出四类实例，以及研究进程）；（2）利用回鹘语《弥勒会见记》来解释吐火罗语本；（3）积累吐火罗语语法形式；（4）吐火罗语两个方言之间的关系；（5）吐火罗语同其他语言的关系；（6）命名问题；（7）吐火罗语第三种方言——跋禄迦语。这是一部研究者不可不读的入门书，也是进一步研修的指导书。有心者只要将先生的这部《导论》和 Werner Thomas 的《吐火罗文研究史（1960—1984）》(*Die Erforschung des Tocharischen* (1960—1984), Franz Steiner Verlag Wiesbaden GMBH, Stuttgart 1985) 对读，就不难看出先生这部导论的全面、深入、重点突出、切实适用了。

另一本更为辉煌的巨著是吐火罗文研究史上迄今为止最为浩大的，对原典残卷的英译、考释、研究，也是中国学者在此领域中树立的唯一一块丰碑。自从80年代初以来，在将近二十年的时间里，先生的年龄从七十轻松地迈向九十，但是，先生手中的《弥勒会见记剧本》的研究却是沉重的，能够接过这副重担的年轻学者尚未出现。先生用中英文，在国内外连续不断地发表了大量的释读、翻译、研究成果，受到了学界的高度评价。在先生的为学术献身的勇气和毅力面前，后辈只有钦佩自叹了。终于，厚厚一大本《吐火罗文〈弥勒会见记〉译释》独自成为了《季羡林文集》的第十一卷，其中包括厚达 138 页的中文的长篇导论，全面深入地探考了《弥勒会见记》及相关问题。还有厚达 390 页的英文专著《中国新疆博物馆所藏吐火罗文 A〈弥勒会见记剧本〉残卷》（*Fragments of the Tocharian A Maitreyasamiti-Nāṭaka of the Xinjiang Museum, China*），对《弥勒会见记剧本》残存全文进行了转写、英译、考释、研究，编制了详尽的索引，影印发表了残卷的照相版。在国际著名的吐火罗文专家 Werner Winter 和 Georges-Jean Pinault 的协助下，作为具有重要学术地位的"语言学趋势·研究与专著类"第 113 种（*Trends in Linguistics, Studies and Monographs* 113），于 1998 年由著名的 Mouton De Gruter 出版。这部著作的出版，震动了吐火罗文研究以及印欧语言学界。这是一个宝库，对于它的消化远远超过了一篇文章、一部书的任务和能力。不过，这当然应该是包括我自己在内的年轻一代中国学人责无旁贷的使命。

六　冒号和几句台词

"冒号"云云，很简单，上述两部巨著各自代表着一个巨大的足迹，它们的合理组合是冒号，而非句号。我想，只要机缘凑合，先生还会在吐火罗文研究领域发言的。

"几句台词"云云，更简单：最近风靡一时的情景喜剧《闲人马大姐》中有一段戏，闲人马大姐想学点尽量古怪的东西，要和就读于老年大学的邻居孟大妈较劲，在学习了《诗经》、逻辑悖论等等而无效之后，终于靠向前楼"顾教授"学来的几句"吐火罗语"，彻底镇住了孟大妈。孟大妈佩服得五体投地，马大姐谦虚地说道：我这点哪行？吐火罗语有 A、B 两种，前楼的顾教授也只懂一种。"两种都懂的,只有北京大学的季教授。"并且表示,来日还要去北大跟季教授学两手。

先生,虽然那个"前楼的顾教授"一定是乌有先生,虽然至今为止中国还只有您一个人从事吐火罗文研究,可是,您孤独吗?

季羡林教授学述

聪明文思，光宅天下。

《尚书·尧典》

季羡林教授，字希逋，以名行。1911年8月6日生于山东省清平县（现归临清市）官庄。

1930年，先生赴北平，同时考取北京大学与清华大学，入清华西洋文学系，专修德文。

1935年，先生考取清华大学与德国交换之研究生。秋，赴德国，入哥廷根（Göttingen）大学。主系（Hauptfach）为印度学，副系（Nebenfach）为英国语言学及斯拉夫语言学。先生之所以选择印度学为主系，自有其必然原因。有清一代，西北史地及中外交涉史之学勃兴，至本世纪初佛学亦蔚为大观。黄季刚先生甚至总括道："近人之病有三：一曰郢书燕说之病，一曰辽东白豕之病，一曰妄谈火浣之病。"（《蕲春黄先生语录》）

曾给先生极大影响的陈寅恪先生更以梵学名家，试图在佛教传入中国并与中国文化相互融合的历史中求史识，求历史之教训。先生之所以选择印度学，显有深意存焉。

先生师从哥廷根著名学者Sieg、Waldschmidt、Braun等教授，研习梵文、巴利文、俄文、南斯拉夫文、阿拉伯文等等。时正值二战，"机声隆隆，饿肠雷鸣；人命危浅，朝不虑夕"，而先生则"积稿盈案，乐此不倦；开电灯以继晷，恒兀兀以穷年"（《印度古代语言论集》"前言"）。1941年通过论文答辩和口试，以全优成绩，荣获哲学博士学位，论文为"*Die Konjugation des finiten Verbums in den Gāthās des Māhāvastu*"（《〈大事〉中伽陀部分限定动词的变格》），导师Waldschmidt教授。《大事》及用佛教梵语或混合梵语（现已定称为"佛教混合梵语"）写成之小乘佛教大众部说出世部律典，研究难度极大，先生是全面而系统地对其偈颂部分所用混合梵语动词的各种形态特征加以总结之第一人。此文至今仍是研究混合梵文的必读书。

因战火正炽，交通断绝，先生只能滞留异国并师从 Sieg 教授研究《梨俱吠陀》《波你尼语法》《十王子传》、波颠阇梨《大疏》等古代印度典籍。Sieg 教授是吐火罗文研究的奠基者，先生遂从其游，成为东亚通晓吐火罗语之第一人。1934 年，先生在 ZDMG（《德国东方学会学报》）上发表长篇论文，题为 "Parallelversionen zur tocharischen Rezension des Puṇyavanta-Jātaka"（《〈福力太子因缘经〉的吐火罗语本的诸异本》）。该文在方法上取得了重大突破，为当时对解决吐火罗语语义问题束手乏策的欧洲学者提供了切实可行的研究方法，至今仍是吐火罗语语义研究者必须遵循之道路。

1944 年，先生出版了引起半个世纪讨论的名作 "Die

Umwandlung des Endung -aṃ in -o und -u im Mittelindischen"（《中世印度语言中语尾 -aṃ 向 -o 和 -u 的转化》）。此书之贡献在于，先生发现并证明了印度中世语言中语尾 -aṃ 向 -o 和 -u 的转化是中世印度西北方言犍陀罗语的特点之一。此书在当时学界引起轩然大波，是非曲直，下文再述。

1949 年在德国出版的 "*Die Verwendung des Aorists als Kriterium für Alter und Ursprung buddhistischer Texte*" 一书，实际上完成于 1945 年先生离德返国之前。在此书中，先生发现并证明不定过去时是中世印度东部方言古代半摩揭陀语的语法特点之一，更为重要的是，正如本书书名所昭示的那样，"使用不定过去式作为确定佛典年代与来源的标准"，先生为在缺乏或者说根本没有信史传统的印度历史背景之下，判明任何研究都必须了解的佛典年代与来源提供了语文学方法。这一方法是适用于印度情况的最重要的年代与来源判定法之一，其准确性在某种意义上与印度考古有同等之价值。

必须提到的是，先生自1937年起兼任哥廷根大学汉学讲师。先生在汉学系图书馆阅读了大量汉籍，尤其是笔记小说与汉文大藏经。这为先生此后之工作提供了坚实基础，与当时许多留洋学者不同，先生在本行资料奇缺的国内，很快就另辟蹊径，做出举世瞩目之贡献。尤为重要的是，先生以此稍慰念国思乡之情。

欧战硝烟尚未散尽，先生于1945年秋冬之交，急切而又依恋地离开了工作十年之久的哥廷根，居留瑞士半年。1946年春末，取道法国、越南和中国香港，春末回到阔别十一年之久的祖国。一路历经艰险，同航三船中即有被潜艇击沉者。1946年秋，陈寅恪先生将先生介绍给胡适之、傅孟真、汤锡予诸先生。先生遂应聘为北京大学教授，创建东方语文系并出任系主任。其间先生放弃了英国剑桥大学聘约，充分反映出先生的爱国报国之心。

回国之后，国内缺少必须的研究资料，先生在佛教梵语方面的研究被迫中止。先生戏言："有多大碗，吃多少饭。"结合汉文载籍，以解决中国问题为主，解决印度问题为辅，先生在梵汉比较之学上，取得了一项又一项的重大成果。

1947年，先生的名作《浮屠与佛》经陈寅恪先生推荐，发表在《中央研究院历史语言研究所集刊》上，英文本刊于 *Sino-Indian Studies*。此文发千古未发之覆，考明梵文之 Buddha 在龟兹文中变成 pūd 或 pud，在焉耆文中变成 pät，此乃"佛"的直接来源，故"佛陀"乃"佛"之加长，"佛"非"佛陀"之略称。自此，"佛"的出现早于"佛陀"这一史实才得以真正解明。

佛经译者用 p 母字翻译梵文顶音，这一现象曾使许多音韵学家困惑不解。先生在 1948 年撰成《论梵文 ṭḍ 的音译》，证明中文用来母字翻译梵文 ṭ、ḍ 经过了 l，而 ṭ＞ḍ＞l 仅见于俗语。先生还将这一语言移译过程分为东汉至南北朝、南北朝至隋、隋以后三期。借此，先生指出"华梵对勘"必须有一前提，即首先必须判定音译字直接译自梵文，否则无从勘起。可惜，许多学者在从事对音工作时，未能注意此点，结果舛误百出，怪说蜂起。

运用华梵比较之学，解决汉文典籍之真伪问题，是先生运用纯熟之研究方法。《列子》乃一部伪书，自来少有异议，然而此部伪书究在何时造成？造伪者系谁？则无人能够断言。先生于 1949 年撰成《列子与佛典》（英译文载 Studia Serica），发现《列子·汤问篇》第五有一段与西晋竺法护所译《生经》卷三、《佛说国王五人经》卷二十四中之故事雷同，进而广征博引，证明《列子》出于太康六年（公元 285 年）之后，本文、序及注均出自张湛一人之手。此结论已成定论。文中之论证手法更堪称典范。

1956 年，据印度传说，乃释迦牟尼涅槃二千五百周年。先生撰成《原始佛教的语言问题》。在无从利用欧洲战后发表的西方学者研究成果的困难条件下，以汉文材料为依傍，证明了使欧洲学者聚讼纷纭的"sakā nirutti"不是指"佛自己的语言"，亦不是指"文法"，而是指"比丘们自己的语言"，即佛允许众比丘用各自的方言俗语来学习佛言。这里实际上是证明了一个非常重要的历史事实：原始佛教不允许比丘使用梵文来学习佛法，也未规定某种语言作为标准语言。

在上文曾提到，先生在 1944 年及 1949 年出版的两部德文论著引起了轩然大波，但先生是在 1958 年才了解到这一情况的。美国梵文学家 Franklin Edgerton 在

1953年出版的"*Buddhist Hybrid Sanskrit Grammar and Dictionary*"(《佛教混合梵文语法及字典》)中以几节之篇幅反驳先生的观点。于是，先生在1958年发表了《再论原始佛教的语言问题》，反驳Edgerton的意见。先生赞同德国梵文学者Heinrich Lüders的意见，主张原始佛教有一种用佛教原始语言——印度古代东部的方言，即"半摩揭陀语"(Ardhamāgadhī)写成的佛典，并以大量的材料，再次论述了自己的观点。

20世纪60年代之前，先生已经在佛教语言、华梵比较学、吐火罗语、汉文典籍研究与佛教史领域中做出了极为重要的贡献。这些贡献本身都有开创性意义，并且都代表着富有特色的研究方法，这些特色也正是先生致力创立的中国印度学乃至东方学的特色。

1958年至1966年，先生将主要精力放在翻译之上。1966年至1978年整整十二年，先生遭到残酷打击与迫害，身处"被打倒与不打倒之间"，在"国家前途，不甚了了；个人的未来，渺茫得很"的心情之下，以惊人的毅力独自译完了卷帙浩繁的《罗摩衍那》。在上述的几个领域之中，先生不可能再撰写论文。先生失去了最宝贵的中年时代。

1978年，尤其是1980年之后，先生在肩负数十个重要学术领导职务的同时，以深厚的学养，湛深的功力为基础，争分夺秒，不知老之将至，发表了大量的论著。按年为次进行论述，难清条理，故分为几个领域，略作叙述。

在古籍整理方面，先生指导一个学术团体，整理校注了《大唐西域记》并完成了今译。这部巨著吸收了一个多世纪以来《大唐西域记》研究的精华，从根本上超越了国外学者，赢得了学界的交口赞誉。先生为此书撰写的前言《玄奘与〈大唐西域记〉》，长达十余万言，全面论述了《大唐西域记》的价值与所涉及的问题。《大唐西域记》的重要性虽然是人所皆知的,但是从来没有像《玄奘与〈大唐西域记〉》这样系统深入的文章见诸于世。

佛教语言研究始终是先生不能忘怀的领域,一有条件接触到新材料,先生必然会加以利用,发为专文。1984年,先生撰成《中世印度雅利安语二题》,利用了十年浩劫之后才得以寓目的材料,新旧结合,研究了犍陀罗语《法句经》吉尔吉特残卷、《妙法莲华经》及《佛说佛宝德藏般若波罗蜜经》,进一步证明了 -aṃ > -o, -u 的重要现象,并用它来解释大乘佛教起源中的问题。在本文"第二题"中,先生更加坚持自己的结论,认为不定过去时是东部方言的特点。先生以一个大学者的风范,从善如流,改变了自己数十年前认为巴利文是西部方言的看法,转为认为它是东部方言摩揭陀语的一种形式。这一转变，使先生的观点更加明确，结论更为坚实。1976年，在哥廷根举行了"最古佛教传承的语言"（佛教研究座谈会Ⅱ）讨论会，先生反复阅读了会议的全部论文，撰写了长篇论文《三论原始佛教的语言问题》，讨论了有没有一个"原始佛典"，"原始佛典"使用什么语言，是否有个"翻译问题"，释迦牟尼用什么语言说法，阿育王碑是否能显示方言划分，《毗尼母经》等经中讲的是诵读方法（音调）还是方言的不同。《三论》涉及面极广，实际上涉及了原始佛教的形成、佛教的传播、宗派的形成以及阿育王碑的评价问题等等，彻底清理了这一问题的研究，也彻底证明了除非有全新的材料出现，否则，先生在几十年前提出的观点是可以定论视之了。

《三论》之发表标志着一个系列的完成，但先生并未将它看成是研究工作的终结。1986年，先生又发表了长篇论文《论梵文本〈圣胜慧到彼岸功德宝集偈〉》，考明古代印度西北方言 -aṃ > -o, -u 的语言变化特点见于此经，由此论定此经必然与印度西北部有联系，从而推翻了过去有关般若部起源问题的结论。先生认为，大乘之起源可分作原始大乘及古典大乘两个阶段，两个阶段使用的语言、内容不同，前者使用混合梵语，后者则使用梵语。先生游刃有余地考定原始大乘起源于东印度，时在公元前二三世纪，《大智度论》卷六十七所述般若部源于东方，传至南方，又从南方传至西方，再至北方的路线，也就是大乘佛教起源与传播之路线。这一论断，是大乘起源研究领域的重大建树，也是先生所用研究方法的成功。

根据德国 R. E. Emmerick 发表的新材料，先生还证明了 -aṃ > -o, -u 亦见于新疆古代语言，此文尚未正式面世，姑不详论。

先生在继 1943 年之后，曾在 1955 年发表《吐火罗语的发现与考释及其在中印文化交流中的作用》，此后未有专文发表。从 20 世纪 70 年代末起，先生为了打破"吐火罗文发现在中国，研究在国外"的欺世之谈，毅然承担起新疆出土的吐火罗语 A（焉耆语）《弥勒会见记剧本》的考释与研究工作，陆续刊布了十余篇文章，用中、英文发表在国内外重要刊物上。这一系列文章震动了世界学林之视听。它们的重要意义绝不仅仅在于为印欧语言学界提供了精心校订考释的语言文本，甚至也不在于证明了佛教戏剧曾存在于、广泛传播于丝绸之路沿线的新疆古代民族之中，而是在于将对语言学而言极为重要的吐火罗语研究提高到了一个崭新的水平之上。这十余篇厚重的论文解决了吐火罗语语义学与语法学上的诸多疑难问题，充分证明了先生在 1943 年发表的论文中所提出的通过研究平行异本来解决吐火罗语语义这一研究方法的正确。

先生在研究《弥勒会见记剧本》的同时，还进行了具有独立价值的平行性研究，这些研究，除了先生之外，整个东亚实无第二个人可以胜任。1982年，先生撰成《吐火罗语A中的三十二相》。先生早在1949年即撰有《三国两晋南北朝正史与印度传说》（英文本名"Indian Physiognomical Characteristeics in the Official Annals for the Three Kingdoms, The Chin Dynasty and the Southern and Northern Dynasties"，刊 *Studia Serica*），当时即引用吐火罗语、梵语、巴利语材料。上述正史所记诸帝形貌多非事实，实有佛教传说杂糅附会于其间。在《吐火罗语A中的三十二相》中，先生令人叹为观止地处理残篇断简，不仅一一考明三十二相及其来源，还确定了许多吐火罗文字的语义。同年，先生撰成《说出家》，证明吐火罗语中的"出家"（wastas lät/länt）或 ost（a）me ṃ lät）是译自汉文"出家"，通过语言实证，展现了"文化倒流"的历史景象。先生在1990年还发表了《梅呾利耶与弥勒》一文，道前人之未道，令人信服地证明弥勒译自吐火罗语。先生在吐火罗语研究方面的研究成果，即将辑成专著出版。

佛教史的研究，同样也是先生致力极巨而取得卓越成就的领域。先生虽无专著，但所发表的一系列论文都解决了撰写通史无法回避的难点，如果以先生的论文为基础，撰写出通史来一定可以独具特色，在前辈学者已打好框架的佛教研究上取得新突破。1981年，先生发表《关于大乘上座部的问题》。大乘本不应有"上座""大众"之分，因此《大唐西域记》中共出现五次的"大乘上座部"就显得尤为突兀。先生认为，锡兰佛教固然以小乘上座部为主，但是一直受到大乘影响，尤以无畏山住部为甚。所谓"大乘上座部"，即是接受大乘思想的小乘上座部，从而对佛教史上悬而未决之问题提出了自己的看法。1984年，先生为参加第十六届国际历史科学大会撰写了长达七万多字的论文《商人与佛教》，这是一篇从全新的角度探讨古代商人与佛教关系的力作，先生引用了大量材料，论证了古代商人与印度佛教之关系，深受与会学者之好评。

原始佛教或者说佛教草创初期的历史，一直是先生深感兴趣的研究对象。1987年，先生发表了《佛教开创时期的一场被歪曲被遗忘了的"路线斗争"——提婆达多问题》。提婆达多是释迦牟尼的堂兄弟，极有才能，有自己的戒律、教义与信徒，然在佛经中常被描绘成十恶不赦之人。晋代法显、唐代玄奘、义净在印度都曾见到过提婆达多的信徒，可见其影响之久远。在先生之前，尚未有人注意这一重要现象。先生之作昭若发蒙，在佛教史研究中开辟出一个崭新的领域。

गगनं खगवब्रते च तस्मिन्नृवरः संजहृषे विसिस्मिये च ।
उपलभ्य ततश्च धर्मसंज्ञामभिनिर्याणविधौ मतिं चकार ॥ २१ ॥
तत इन्द्रसमो जितेन्द्रियाश्वः प्रविविक्षुः पुरमश्वमारुरोच ।
परिवारजनं त्ववेक्षमाणस्तत एवाभिमतं वनं न भेजे ॥ २२ ॥
स जरामरणक्षयं चिकीर्षुर्वनवासाय मतिं स्मृतौ निधाय ।
प्रविवेश पुनः पुरं न कामादाननभूमेरिव मराडलं द्विपेन्द्रः ॥ २३ ॥
सुखिता बत निर्वृता च सा स्त्री पतिरीदृक्ष इहायतास्व यस्याः ।
इति तं समुदीक्ष्य राजकन्या प्रविशन्तं पथि साञ्जलिर्जगाद ॥२४॥
अथ घोषमिमं महाभ्रघोषः परिगुश्राव शमं परं च लेभे ।
श्रुतवान्स हि निर्वृतेति शब्दं परिनिर्वाणविधौ मतिं चकार ॥२५॥
अथ काञ्चनशैलश्रङ्गवर्ष्मा गजमेघर्षभबाहुनिस्वनाश्वः ।
श्वयमक्ष्वयधर्मजातरागः शशिसिंहाननविक्रमः प्रपेदे ॥ २६ ॥
नृगराजगतिस्ततोऽभ्यगच्छन्नृपतिं मन्त्रिगणैरुपास्यमानम् ।
समितौ मरुतामिव ज्वलन्तं मघवन्तं त्रिदिवे सनत्कुमारः ॥ २७ ॥

21. c. dharmmasaṁjñām, A; chos-kyi ḥdu-śes, T; 'the idea of the good law', C. d. abhiniryāṇa°, A.

22. b. param aśvam, A; groṅ-la...rta-la, T. c. parivartya janaṁ tv avekṣamanas, A; ḥkhor-gyi skye-bo-dag kyaṅ mṅon-par ḥdod-pa-ste, T.

24. a. nivṛtā, A. b. idṛk tvām ihāyatākṣa, A; spyan-yaṅs...ḥdiḥdra ḥdir, T. c. samudīkṣa, A. śākyaḥi bu-mo zhig (śākyakanyā), T. d. rajñalir jjagāda, A; thal-mo sbyar-ba daṅ bcas smras-so, T.

25. c. śrutavāṁś ca, A; thos-pa daṅ ldan des, T. d. °vidho, A; chogar, T.

26. d. śaśisihānanavikrama, A.

27. a. °gati tato, A. b. °ganair upāsyamānaṁ, A. c. śamitau, A; ḥdun-sa-ru, T.

《佛本行经》梵文精校本

作为一名严谨的学者，先生对德国学者之"彻底性"（Gründlichkeit）历来深加赞赏，先生自己之研究亦以彻底性著称。1990年，先生发表《再谈浮屠与佛》，旨在解决1947年发表的《浮屠与佛》一文中遗留下来的问题：吐火罗文的 pät, pud 及 pūd 都是清音，而"佛"的古音则是浊音。在四十年之后，先生积累了大量资料，发为新文，认为"浮屠"来自大夏语，而"佛"则译自其他伊朗语族文字。这一发现，不仅彻底解决了清浊音问题，并且证明佛教传入中国经历了两个阶段：

（1）印度→大夏（大月氏）→中国

buddha → bodo, boddo, boudo →浮屠

（2）印度→中亚及现今新疆区域内小国→中国

buddha → but →佛

因此，先生以一个大学者的风度，自我更正了1947年文中提出的佛教直接入华说。

先生从事的各项研究几乎都与中印文化史有密切关系，先生早就有志于撰写《中印文化交流史》，且"文革"前已基本成稿，十年动乱中，书稿被抄散失，仅剩残稿数十页，令人扼腕。先生在此领域中之工作主要是通过研究实物传播，实实在在地研究文化交流。早在五十年代，先生就曾对纸和造纸法、蚕丝传入印度之问题加以注意。八十年代，先生在继续纸、蚕输入印度史之研究的同时，开始了糖史的研究。

1981年，先生写成《一张有关印度制糖法传入中国的敦煌残卷》，分"甘蔗的写法""甘蔗的种类""造砂糖法与糖的种类""造煞割令（石蜜）法""砂糖与煞割令的差别""甘蔗酿酒"及"甘蔗栽种法"几个部分，对貌似平常的糖、制糖法及其传播进行了深入的研究。在该文"结束语"及"后记"中，先生还将未能解明之疑点一一写出。次年，先生又对前文加以补充。就关键性的"挍"与"校"字之关系加以详述，并对梁永昌、蒋礼鸿先生的论著作了补充。1983年，先生又写成《古代印度沙糖的制造和使用》，证明佛典中蕴含着大量与古代印度日常生活有关的材料，此文的目的显然也不仅在于探讨印度科技的发展，更重要的是着眼于中印文化的交流，并且提倡要拓宽对古代印度史料之征引研究，尤其是要善于利用佛典的律藏。1987年，先生又写成《cīnī问题——中印文化交流的一个例证》。该文有着方法论上的重要意义，先生驾轻就熟地运用语言学方法，切实可信地研究文化交流的个案，追踪cīnī一字，解决cīnī一字在印度出现的时间问题。

必须说明的是，先生的《糖史》即将完稿。先生的糖史及吐火罗文研究对促进中国敦煌吐鲁番学的发展起了极大的推动作用。"敦煌学"在中国首见于陈寅恪先生《陈垣敦煌劫余录序》，而在中国真正成为显学，先生倡导并身体力行之功甚伟。

以上略述了先生在近五十年之学术生涯中所取得的重要成果。当然,先生之成就远不止此,作为一名教育家、学者、学术研究之领导者,先生为中国的学术事业做出了更为重要、更具有历史性影响力的贡献。

同仁后学均尊先生为"中国东方学之奠基人",先生当之无愧。

作者附记: 季羡林教授著述宏富,限于篇幅,仅据《季羡林学术论著自选集》中诸文,略加补充,不足言先生学术之全貌也。

陈寅恪与季羡林
——一项学术史的比较研究

一

陈寅恪先生与季羡林先生都是中国现代学术史上的重要人物，也是学术史研究者近期来非常关注的对象，学者们发表了大量与他们有关的研究论著，为他们撰写了多部传记[①]。可以说对他们的研究已经颇为深入，并且取得了相当可观的成果。但是，迄今为止，我们尚未看到有文章从分析他们各自的个人学术史入手，特别是将这两位具有足够代表性的重要学者加以有限制的比较，从而描述某一学科（比如本文所拟讨论的作为印欧比较语言学及历史语言学的一个强大分支的佛教语文学（Buddhist Philology/buddhistische Philologie/philologie bouddhique）[②]在中国现代学术史上的演变轨迹。

鉴于陈寅恪先生与季羡林先生之间存在着班班可考的学术渊源，他们的学术领域至少在一个相当长的时期内具有明显的相似性。也就是说他们都接受了当时风行欧陆的佛教语文学的训练,都以此作为各自学术史的起步领域,前者对后者又产生过非常明显的影响。然而,由于种种原因(接受这一学科的师传渊源不同,个人兴趣的转移,历史造成的对研究环境和条件的限制,等等),佛教语文学这个独特的学科在陈寅恪先生和季羡林先生的个人学术史上却呈现出完全不同的轨迹,这门学科在他们各自的学术史上所处的地位和所发生的作用也有很大的差异。由于这两位学者在中国现代学术史上所处的前后衔接的冲要位置,而佛教语文学这门当时可以充当"预流"[③]与否的标志的学科又极为专门并因此而冷僻,并且又是两位学者致力颇深的根基学科,所以,就陈寅恪先生和季羡林先生这两位学者的佛教语文学进行比较,也就不仅足以揭明陈寅恪先生和季羡林先生的个人学术史的异同,而且还可以表明佛教语文学在中国现代学术史上的地位的变迁。

以上的简单概说应该可以说明，陈寅恪先生与季羡林先生的个人学术史具有显而易见的"可比性"（comparability）。本文所拟展开的这项学术史的比较不至于陷入"古今中外，人天龙鬼，无一不可取以相与比较。荷马可比屈原，孔子可比歌德，穿凿附会，怪诞百出，莫可追诘，更无所谓研究之可言矣"[④]的泥潭。

二

研究佛教语文学必须从研习梵文入手，舍此别无他途。陈寅恪先生接触梵文的时间很早，1902 年至 1907 年，陈寅恪先生先后随衡恪、隆恪留日[⑤]。他初步接触梵文似乎就在留日期间。1947 年，陈寅恪先生因无钱购煤取暖，将所藏东方语言书籍转归北京大学东方语文系，而经手人正是刚从德国回来就任东方语文系主任的季羡林先生。这批非常珍贵的书籍中，就有获原云来的《实习梵语学：文法·悉昙书法·文抄·字书》[6]。在漫长的游学期间，陈寅恪先生对佛教语文学极为关注，投入了大量的精力，也打下了相当厚实的根基。从劫后余存的笔记本里，可以清楚地看到陈寅恪先生的佛教语文学造诣。季羡林先生在整理了这些笔记本后指出："在中世印度诸俗语方言中，西北方言占有重要的地位。因此，国外有不少杰出的梵文学者从事这方面的研究，写出了不少的专著和论文。但是在20年代的中国，却从来没有听说有什么学者注意到了这个问题。有之当以陈先生为第一人。他在笔记本九、佉卢文第一本里面详细地抄录了佉卢字母《法句经》的经文，札记了不少的中世西北方言的音变特点。他也注意到ahu=aham这样的音变现象。他虽然以后没有在这方面写什么文章，工夫是下过了，而且下得很深。类似的例子还有一些……"[7]

熟悉国际东方学学术史的人都知道,季羡林先生上面提到的"西北方言""西北方言的音变特点"等等,正是当时佛教语文学最尖端最前沿的课题。陈寅恪先生既然明显地已经意识到了,并且还下了很深的工夫,那么,以善于发现并解决学术前沿问题、强调"预流"著称的陈寅恪先生为什么会"以后没有在这方面写什么文章",居然会在触手可及的学术皇冠上的明珠前止步不前了呢?要知道,这一止步,使得中国学者在当时的显学东方学的一个最前沿阵地上安营扎寨的时间晚了将近20年。

这是一个值得学术史研究者深思的问题,当然更是一个不容易回答的问题。本文试图从以下几个角度给出一个未必理想的解答。

首先,也可以说是最主要的原因,与陈寅恪先生同辈的中国人文学者,无论他们在留学期间学习了什么样的理论、掌握了什么样的方法,甚至也无论他们在留学期间选择了什么样的专业领域,他们所关怀的、所不能或忘的往往还是中国学术史中的传统问题。这些问题是"体",在国外学习的东西是"用",是解决传统之"体"的现代之"用"。换句话说,他们是带着传统之"体"的问题的,至少是学术意义上的主题先行者。这种情况虽然也有例外,然而却是相当普遍的现象。强调这一辈学者与传统的亲和,固然正确,但显然是不够的。目前对此现象似乎还没有圆满的解释。

具体就陈寅恪先生而言,刊载在《学衡》第20期(1923年8月)上的《与妹书》是陈寅恪先生公开发表的第一篇论学文字,尽管主要谈的是藏文,但仍然非常明显地表明了这一点:"西藏文藏经,多龙树马鸣著作而中国未译者。即已译者,亦可对勘异同。我今学藏文甚有兴趣,因藏文与中文,系同一系文字。如梵文之与希腊拉丁及英德俄法等之同属一系。以此之故，音韵训诂上，大有发明。因藏文数千年已用梵音字母拼写，其变迁源流，较中文为明显。如以西洋语言科学之法，为中藏文比较之学，则成效当较乾嘉诸老，更上一层。"[8]可见，陈寅恪先生不仅究心"音韵训诂"这样的传统领域，而且在其心目里所要超越的对象依然还包括"乾嘉诸老"。

其次，学者的个人兴趣对其学术史的走向，常常会起到至关重要的作用。紧接着上段话，陈寅恪先生讲道："然此非我所注意也。我所注意者有二：一历史……。一佛教……。"这里的"此非我所注意也"，指的是具体的领域。实际上并没有改变以佛教语文学为"用"的取向。余英时先生的《试述陈寅恪的史学三变》是迄今为止研究陈寅恪先生个人学术史的最佳论著[9]。余先生敏锐地感觉到："陈寅恪的治学范围虽广，但他的兴趣好像自始即偏向史学。无论如何，据文献记载，在 30 岁前后他已决定选择史学为他的专业了。"[10] 陈寅恪先生的个人学术史的确发生了余英时先生所说的"三变"。但是,无论造就这"三变"的有多少原因,其中一个并非不重要的原因却一定正是余英时先生指出的:"陈寅恪研究'塞外之史、殊族之文'最初或出于爱国动机,或为显学所掀动,或两俱有之,今已无从确知。但无论如何,在深入这一学术领域的堂奥之后,他自然比谁都清楚,以'塞外之史、殊族之文'而言,欧洲的东方学是居于绝对领先的地位。他本人的基础功力在中国虽然首屈一指,但若与第一流的欧洲东方学家相比较,也并不特别超出。所以他承认在中西文化交通、佛教传播及中亚史地等领域内,深受伯希和等人的影响。而且东方学在欧洲早已形成有规模的传统,后起者除了在某些'点'上寻求新的突破外,很难取得典范式的新成就。"[11] 这是非常通达的论断。陈寅恪先生的"三变"

当然还有其他的原因[12]。尽管陈寅恪先生的"三变"的确愈变愈辉煌，这是任何人都无法否认的事实，然而，同样应该承认的是，陈寅恪先生与当时的显学佛教语文学之间的距离也确实愈变愈远了。最终，这门显学在陈寅恪先生的个人学术史里连"用"的地位都荡然无存了。

再其次，还应该考虑陈寅恪先生和欧洲东方学的不同国别的学术传统之间的关系。虽然陈寅恪先生留德的时间最长最为连贯，而且在美国哈佛大学学习了两年的梵文、巴利文之后赴德，这个选择就更见意味了。不过，德国学者的论著虽然也屡被陈寅恪先生引用，表面上看，陈寅恪先生受德国传统的影响应该是最深的。但是，无论是学术风格，还是学术问题的选择，陈寅恪先生身上的法国东方学色彩远比德国东方学色彩浓厚。仔细回顾陈寅恪先生的学术史，不难看到，重返德国时，陈寅恪先生已经 32 岁，学术兴趣应该是已经明确了。到德国去师从一代语文学大师 H. Lüders，主要的考虑恐怕还是增强佛教语文学的"用"。实际上，陈寅恪先生也没有踏入德国东方学特别是佛教语文学的潮流。相比之下，陈寅恪先生从不讳言法国东方学，尤其是其代表伯希和的影响。这一点，余英时先生也已经提及了。放到这么一个背景下，则《王观堂先生挽词》的名句"伯沙博士同扬榷，海日尚书互唱酬。东国儒英谁地主，藤田狩野内藤虎"，用伯（希和）、沙（畹），就不仅是出于平仄的考虑了。以藤田丰八、狩野直喜、内藤虎次郎为代表的日本学界固无论矣，以"伯沙博士"为领军人物的法国东方学若和德国东方学相比较，与汉学的亲和性无疑要强出许多[13]。换个角度，那么法国东方学在佛教语文学领域的地位则是逊于德国不止一筹的。德国的佛教语文学家对英国同行中的特出者还有些敬意，至于对法国的同行，一般就未必佩服了[14]。

最后，但绝不是最小的，导致佛教语文学在陈寅恪先生的个人学术史上逐渐淡出的因素，是陈寅恪先生不幸生活在中国学术文化史上最艰难的时代，与国际学术界的隔绝，加上贫病交加体衰目丧，都不能不使其个人学术史发生意料不及的提前或滞后的变动。

无论如何，余英时先生的一句话实在堪称"知言"："藏文如此，推之其他古代与中亚文字，对他而言也无一不是治史的工具。"[15]也就是说，佛教语文学在陈寅恪先生的学术史上只具有"用"的功能，而并不具备"体"的价值。

对于陈寅恪先生来说，其学术史第一期中，小试佛教语文学牛刀所取得的成功，哪怕是"点"的，也已然足够了。不过，陈寅恪先生似乎偶尔也并不满足于"点"的突破。最好的例子无疑是一代名文《四声三问》[16]，正是试图引入印度语文学和佛教语文学以解决一个带有"典范"性质的中国历史的问题。不幸的是,在陈寅恪先生的众多论著中,也正是这篇文章遭到了最强有力的质疑[17]。这是陈寅恪先生个人学术史的遗憾,还是中国现代学术史的一个遗憾?恐怕是无人能够给出答案的。

三

季羡林先生接触佛教语文学是受了陈寅恪先生的影响,具体说是在清华大学旁听了陈寅恪先生的"佛经翻译文学",而这正是陈寅恪先生将佛教语文学之"用"发挥到极致的一门课[18]。

然而,季羡林先生决定研习佛教语文学却有相当的偶然性。1935年,季羡林先生抵达在其个人学术史上具有最重要地位的哥廷根大学。起先打算学习德国语文学,甚至还曾经想以欧洲古典语文学为主系。但是,不管季羡林先生如何打算，他所选择的却都是"语文学"，这就与陈寅恪先生的以治史为主的学术兴趣不同。

季羡林先生最终选择了梵文作为主系，两个副系分别是斯拉夫语文学和英国语文学。这种选择和季羡林先生的一个与时俗迥异的信念有关，即绝不以和中国有关的课题作博士论文的题目。这就从根本上决定了季羡林先生个人学术史的基本取向。一言以蔽之，以语文学，具体而言即佛教语文学为研究之"体"，倘若要说其"用"，那也没有用在汉学研究上的既定计划。由此，季羡林先生在学术生涯的起始阶段，就将自己的营盘扎在了欧洲东方学的最前沿佛教语文学上。更明确地说，就是当时方兴未艾的佛教混合梵语和破译不久的吐火罗语研究。大而言之，季羡林先生所接受的几乎完全是在当时德国占主流地位的语文学训练，留德十年，季羡林先生只到过一次柏林，其余时间全部在哥廷根攻读研究，从未离开过德国。这一表面上似乎无关紧要的现象，多少也说明一些问题。季羡林先生当然也参考其他国家学者的论著，但是这些论著总的来说其数量既少，水准也与德国有差距。因此，季羡林先生受到的德国以外的影响相对较小。小而言之，从 H. Lüders（陈寅恪先生曾游学于门下）到 E. Waldschmidt（陈寅恪先生的同学，季羡林先生的博士导师）的一系正是德国佛教语文学的正脉所在。[19]

留德十年的四篇论文充分反映了这个特点。其中三篇是关于佛教混合梵语的。

"Die Konjugationen des finiten Verbums in den Gāthās des Mahāvastu"（《〈大事〉中迦陀部分限定动词的变格》）是1941年完成的博士论文，证明了《大事》的语言是一种混合方言，从中并不能看出从梵文发展到巴利文的中间阶段。其语言是一种逐渐梵文化的俗语，与巴利文有近缘关系，等等。这些都是佛教语文学的前沿问题。该文的附录"关于语尾 -matha"则在印欧语系比较语言学领域引起了轰动，其"用"却仍在语文学范围之内。1944 年发表的"Die Umwandlung der Endung-aṃ in-o und-u im Mittelindischen"（《中古印度语言中语尾 -aṃ 变为 -o、-u 的现象》），可以据此确定印度古代俗语的流行地域。1949 年发表的"Die Verwandung des Aorists als Kriterium Für Alte und Ursprung buddhistischer Texte"（《应用不定过去时的使用以断定佛典的产生时间和地区》），问题的提出和解决都是以佛教语文学的方式，其"用"固然未始不可以延伸到汉学领域，但显然不是季羡林先生写作时事先预定的题中之义。

可以说明佛教语文学在季羡林先生的个人学术史中占有"体"的地位的最好例子，是 1943 年发表的"Parallelversionen zur tocharischen Rezension des Puṇyavanta-

Jātaka"(《吐火罗文的〈佛说福力太子因缘经〉诸异本》)根据汉译本来释读吐火罗文本里的未详语词，在此，汉学竟为佛教语文学所"用"了[20]。

这种以佛教语文学为研究之"体"的学术取向，在季羡林先生1947年回国后不得不改变了。原因主要有两个，一是中外隔绝造成的资料严重缺乏，二是陈寅恪先生及其所代表的国内学术主流的就近影响。至于季羡林先生的兴趣则并没有出现如陈寅恪先生一样的改变。

在季羡林先生的个人学术史上，佛教语文学暂时失去了"体"的位置，而焕发出"用"的神效。1947年的《浮屠与佛》[21]、1948年的《论梵文 ṭ、ḍ 的音译》[22]，以及1955年的《吐火罗语的发现与考释及其在中印文化交流中的作用》[23]，这三篇在当时中国文史学界备受赞誉的论文堪称转变期的代表作。无论是引用书籍卷数、页码的标注和行文的语气风格，还是自己的论述和原始史料的排比、切入角度的选择、思想的展开，都显示出陈寅恪先生的影子。更为重要的是，虽然起因不尽相同，但是，在研究精神上也确实体现出了与陈寅恪先生早期论著的高度相似性，即以佛教语文学之"用"，来攻错中国传统文史之学之"体"。就季羡林先生个人的学术史而言，虽然有悖于初衷，却倒也别开生面。然而若就佛教语文学在中国学术史上的发展的角度来看，就不能不说是略带遗憾的了。

20世纪50年代中期以降，至70年代末期，长达20余年的时间，由于众所周知的原因，季羡林先生完全丧失了从事学术研究的条件，遑论佛教语文学的研究。

进入20世纪80年代以后，随着大环境的好转，与国际学术界交流的日益频繁，季羡林先生不知老之将至，只争朝夕，迅速恢复了佛教语文学研究，撰写发表了大量具有佛教语文学界一流水平的论著。1985年出版的《原始佛教的语言问题》[24]，对国际上数十年来出现的各种说法加以清理，根据新的材料，坚持自己四十年前的论断。在佛教语文学领域内，自 1980 年后，季羡林先生每年都有重要论文发表，不断引入新材料，提出新问题，展开新思路，极其有力地推动了佛教语文学在中国的发展。季羡林先生以古稀之年，慨然承担了新疆出土的迄今为止发现的篇幅最大的吐火罗文作品《弥勒会见记剧本》的释读研究工作，取得了大量的掀动佛教语文学和印欧语言学界视听的重大成果，并以 *Fragment of the Tocharian A Maitreyasamiti-Nāṭāaka of the Xinjiang Museum, China* 的出版划上了一个圆满的句号[25]。

显然，详尽地评述季羡林先生在佛教语文学领域的贡献并不是本文的任务[26]。本文所想说明的是，在季羡林先生晚年的学术史上，佛教语文学研究不仅恢复了"体"的地位与价值，其"用"也得到了更大的发挥和施展空间。以季羡林先生晚年的成就为代表，佛教语文学在中国现代学术史上终于修成了"体用圆融"的正果。

中国学术界尊季羡林先生为中国东方学的奠基人，其学术理据也正是在此。

四

如果说，陈寅恪先生的个人学术史因为有了"史学三变"而灿烂夺目，那么，季羡林先生的个人学术史也正因为有了"体"—"用"—"体用圆融"的"佛教语文学三转"而彪炳辉煌。中国现代学术史必定会因此而骄傲。

注释：

① 单篇论文不计，就大陆出版的主要专著而言，有关陈寅恪先生的传记至少有：蒋天枢《陈寅恪先生编年事辑》（上

海古籍出版社，1981年；增订本，同出版社，1997年），汪荣祖《陈寅恪评传》（百花洲文艺出版社，1992年），陆键东《陈寅恪的最后20年》（三联书店，1995年），吴定宇《学人魂：陈寅恪传》（上海文艺出版社，1996年），刘以焕《国学大师陈寅恪》（重庆出版社，1996年），胡迎建《独上高楼：陈寅恪》（山东画报出版社，1998年），刘以焕《一代宗师陈寅恪：兼及陈氏一门》（重庆出版社，2001年；并非上揭作者书的重版）。回忆资料集至少有：钱文忠编《陈寅恪印象》（学林出版社，1997年），张杰、杨燕丽选编《追忆陈寅恪》（社会科学文献出版社，1999年）。纪念文集至少有：《纪念陈寅恪教授国际学术讨论会文集》（中山大学出版社，1989年），《纪念陈寅恪先生诞辰百年学术论文集》（北京大学出版社，1989年），《纪念陈寅恪先生百年诞辰学术论文集》（江西教育出版社，1994年）《〈柳如是别传〉与国学研究：纪念陈寅恪先生学术讨论会论文集》（浙江人民出版社，1996年），《解析陈寅恪：纪念陈寅恪先生逝世三十周年》（社会科学文献出版社，1999年），《陈寅恪与二十世纪中国学术：纪念陈寅恪先生诞辰一百一十周年》（浙江人民出版社，2000年）。直接相关的研究专著至少有：冯衣北《陈寅恪晚年诗文及其他》（花城出版社，1986年；此书必须和余英时《陈寅恪晚年诗文释证（增订新版）》，东大图书公司，1998年，对看），吴学昭《吴宓与陈寅恪》（清华大学出版社，1992年），王子舟《陈寅恪读书生涯》（长江文艺出版社，1997年），李玉梅《陈寅恪之史学》（香港三联书店，1997年），王永兴《陈寅恪先生史学述略稿》（北京大学出版社，1998年），刘克敌《陈寅恪与中国文化》（上海人民出版社，1999年），张求会《陈寅恪的家族史》（广东教育出版社，2000年），叶绍荣《陈寅恪家世》（花城出版社，2001年）。至于季羡林先生，传记与研究专著至少有：蔡德贵《季羡林传》（山西古籍出版社，1998年；修订版，人民出版社，2000年），于青《东方宏儒季羡林传》（花城出版社，1998年），马景瑞《我所知道的季羡林先生》（山东省聊城市新闻出版局，2001年）。祝寿文集有：《季羡林教授八十华诞纪念论文集》（江西人民出版社，1991年），《人格的魅力：名人学者谈季羡林》（延边大学出版社，1996年），《季羡林与二十世纪中国学术》（北京大学出版社，2001年）。和陈寅恪先生不同的是，季羡林先生发表了不少带有自传性质的文字，与本文关系较大的有：《留德十年》（东方出版社，1992年），《世纪老人的话：季羡林卷》（辽宁教育出版社，1999年），《学海泛槎》（山西人民出版社，2000年）。

② 这门学科的建制化的标志是 1926 年荷兰莱顿（Leiden）大学为著名学者 Jean Przyluski 设立了专门讲座"philolgie bouddhique"。有关佛教语文学的研究史以及有关情况，可参看：J. W. de Jong, *A Brief History of Buddhist Studies in Europe and America*, Sri Satguru Publications, Delhi, 1987. Heize Bechert und Georg von Simson, *Einführung in die Indologie*. Wissenschaftliche Buchgesellschaft, Darmstadt, 1979. Ulrich Schneider, *Einführung in den Buddhismus*. Wissenschaftliche Buchgesellschaft, Darmstadt, 1980. Klause Röhrborn und Wolfgang Veenker, *Sprachen des Buddhismus in Zentralasien*. Otto Harrassowitz, Wiesbaden, 1983. Hajime Nakamura, *Indian Buddhism, A Survey with Bibliographical Notes*. Motilal Banarsidass, 1987. Etienne Lamotte, *Histoire du Bouddhisme Indien*. Louvain, 1958. 以上诸书有关章节；《季羡林文集》（江西人民出版社，1996 年）第 3 卷《印度古代语言》、第 4 卷《中印文化关系》、第 12 卷《吐火罗文研究》。

③ 陈寅恪：《陈垣敦煌劫余录序》，《金明馆丛稿二编》第 236 页，上海古籍出版社，1980 年。

④ 陈寅恪先生《与刘叔雅论国文试题书》中语，见《金明馆丛稿二编》，上海古籍出版社，1980 年，第 224 页。关于陈寅恪先生的比较观，请参看钱文忠《略论陈寅恪先生之

比较观及其在文学研究中之运用》，载王永兴先生编《纪念陈寅恪先生百年诞辰学术论文集》第475—505页。
⑤ 蒋天枢：《陈寅恪先生编年事辑（增订本）》，上海古籍出版社，1997年。
⑥ 此书出版于大正五年（1916年），在陈寅恪先生留学日本之后颇久，固然未必足以充当陈寅恪先生在日期间即已接触梵文的直接证据。但蒋天枢先生将陈寅恪先生研习梵文系于1919年，此前陈寅恪先生固已游学德、法。蒋说似也未必尽然。当时用英、德、法语出版的梵文研究书籍层出不穷，皆超迈荻原所著。陈寅恪先生何以购藏此书，是否透露了某种消息？有关此书情况，请参看钱文忠《记陈寅恪先生的几条未刊批注》，载干元化先生主编《学术集林》卷8（上海远东出版社，1996年）第91—94页。但是，此书的批注究竟是否可以定为陈寅恪先生手笔，现在看来大有可疑。中国此前已有人编写梵文文法，比如苏曼殊就有《初步梵文典》，似已佚，是否最终完成，也尚有疑问。现存章太炎《〈初步梵文典〉序》，见《章太炎全集》四《太炎文录初编》（上海人民出版社，1985年）第488—489页。20世纪初，研习梵文颇为高僧居士所倡导，如杨文会，而陈三立与杨文会等来往颇密。是否对陈寅恪先生有所影响，待考。

⑦ 季羡林:《从学习笔记本看陈寅恪先生的治学范围和途径》,《纪念陈寅恪教授国际学术讨论会文集》第 74 页至 78 页,中山大学出版社,1989 年。

⑧ 陈寅恪:《与妹书》,《金明馆丛稿二编》第 311—312 页,上海古籍出版社,1980 年。

⑨ 此文在《文汇读书周报》1997 年 11 月 1 日部分发表,在《中国文化》第 15—16 期(1997 年 12 月)全文发表时,均题作《陈寅恪的史学三变》,收入《陈寅恪晚年诗文释证》(增订新版)改现题,第 331—377 页。

⑩ 余英时:《陈寅恪晚年诗文释证》第 332 页,东大图书公司,1998 年。

⑪ 同上书,第 342 页。

⑫ 余英时先生指出,还有"王国维的关系"(上揭书,第 343 页),"二十年代末期流行于中国的两股史学思潮"(上揭书,第 347 页)。

⑬ 有关汉学在法国、德国东方学传统里的不同地位以及各自的特点,参看 *Europe Studies China, Papers from an International Conference on the History of European Sinology*, Han-Shan Tang Books, London, 1995. 关于法国东方学家,特别是伯希和在中国的影响,参看桑兵先生《伯希和与近代中国学术界》,载《历史研究》1997 年第 5 期,第 115—

138 页。有关伯希和与斯坦因由于各自知识背景出发挑选敦煌写卷的不同角度，以及对法国及其他国家汉学与东方学走向的影响，参看荣新江先生《敦煌学十八讲》（北京大学出版社，2001 年）

⑭ 比如，吐火罗文大师，也是季羡林先生的老师 Sieg 教授就只尊敬英国的 H.W.Bailey 教授，而对大名鼎鼎的法国学者 Sylvain Levi 很不以为然。参看季羡林先生《学海泛槎》，第 42 页。

⑮ 同注⑩，第 337 页。

⑯ 陈寅恪：《金明馆丛稿二编》，第 328—341 页，上海古籍出版社，1980 年。

⑰ 参看饶宗颐先生《印度波你尼仙之围陀三声论略：四声外来说平议》，载《梵学集》（上海古籍出版社，1993 年），第 79—92 页，又《文心雕龙声律篇与鸠摩罗什通韵：论四声说与悉昙之关系兼谈王斌、刘善经、沈约有关诸问题》，上揭书，第 93—120 页。

⑱ 有关季羡林先生的治学经历，主要依据《留德十年》和最新出版的《学海泛槎》，不再一一注出。

⑲ 季羡林先生在阔别德国 30 余年后，于 1980 年故地重游，与当年的博士导师 Waldschmidt 教授重逢。季羡林先生以汉译《罗摩衍那》为赠，Waldschmidt 教授颇不以为然，

对季羡林先生说:"我们是搞佛教语文的,你怎么翻译这个?"可见佛教语文学在这位德国著名学者心目中的无可替代的"体"的地位。当然,季羡林先生是无法向他解释造就了这部煌煌汉译的历史原因的。

⑳ 这四篇长文现皆收入《季羡林文集》第 3 卷《印度古代语言》。

㉑ 季羡林:《季羡林文集》(第 7 卷),第 1—27 页,江西教育出版社,1996 年。

㉒ 季羡林:《季羡林文集》(第 4 卷),第 12—53 页,江西教育出版社,1998 年。

㉓ 同上书,第 138—154 页。

㉔ 中国社会科学出版社,现已全部收入《季羡林文集》第 3 卷《印度古代语言》。

㉕ 列入著名的 *Trends in Linguistics* 丛书的 *Studies and Monographs* 113, 1998 年由 Mouton de Gruyter 出版。全书英文,现收入《季羡林文集》第 11 卷。

㉖ 详细的评述请参看本书《季羡林与印度古代语言研究》、《季羡林与吐火罗文研究》,本书第 1—98 页。

图书在版编目(CIP)数据

季门立雪:我的老师季羡林/钱文忠著.—上海:上海书店出版社,2002.9
ISBN 978-7-5458-2132-1

Ⅰ.①季… Ⅱ.①钱… Ⅲ.①季羡林(1911—2009)
—学术思想—思想评论 Ⅳ.①K825.4

中国版本图书馆CIP数据核字(2021)第251661号

责任编辑 俞诗逸 张 冉
封面设计 汪 昊

季门立雪:我的老师季羡林
钱文忠 著

出 版	上海书店出版社
	(201101 上海市闵行区号景路159弄C座)
发 行	上海人民出版社发行中心
印 刷	浙江海虹彩色印务有限公司
开 本	787×1092 1/32
印 张	5.875
字 数	65,000
版 次	2022年9月第1版
印 次	2022年9月第1次印刷

ISBN 978-7-5458-2132-1/K·430
定 价 52.00元